霞ケ関の正体

国を亡ぼす行政の病理

稲葉清毅

晶文社

装幀　本山木犀

霞ヶ関の正体　目次

第三部　生活習慣病

第四部　社会からの感染症

第五部　行政の病理を生み出す構造的要因

第六部　行政改革の病理学

はじめに　行政は病んでいる

病理学的分析の必要性

迫り来る大増税時代

わが国は今、大増税時代を迎えつつある。平成十七年六月、政府税調は、給与所得控除の縮減、配偶者控除・扶養控除の廃止等による大幅なサラリーマン増税を打ち出した。この案がそのまま実現するとも思われないが、所得税、個人住民税が大幅に引き上げられることは避けられまい。カーテンの陰では、消費税が大幅なアップ劇の出番を待っている。また、既に年金は給付率を引き下げながら、掛け金をアップしていくことが決まっている。

しかも、このドラマは始まったばかりである。わが国の国民負担率すなわち国民所得に占める租税と社会保険費の割合は平成十六年度には約三六％程度であったが、国民所得の約一〇％程度の財政赤字があるから、これを加えれば既に実質的には四六％程度となっている。将来、財政の健全性を取り戻しながら、現在の福祉や医療、教育のレベルを維持しようとすれば、北欧並みの七〇％はともかく、ドイツ、イギリス、フランス並みの五〇～六〇％程度には上昇していかざるを得ないし、所得税や消費税、その他どのような税源に着目するにしても、国民の大幅な負担増は避けられない。

しかし、国民は、このような負担増に、おいそれとは同意しないと思われる。行政に対する不信感と不満が渦巻いているからである。

大増税を避けるため、繰り返し二つの提案が行われる。その一つは、経済を活性化させ、税収の増大を図るというもので、不況時における景気対策としてしばしば実行されてきたものである。その方法は、公債によって調達した資金を原資に、公共事業などに対する財政支出を行うことと、減税によって国民の可処分所得を増加させ、消費の拡大を図っていこうというものである。いずれも、痛みを伴う施策ではないため、国民には歓迎されるが、その反面、もくろみ通りの成功は収めず、むしろ公的部門の借金を増大させていったという点で、一時しのぎの麻薬のように罪作りな役割を果たしてきたといえる。

こういう施策が効果を生まなくなった主な理由は、経済の牽引車である成長部門がハイテク産業などの民間主導部門にシフトしたため、土木、建設工事などに追加的な投資を行っても、大きな波及効果を得ることが困難になったことや、国民の間に将来の生活に対する不安感があるため、増加した可処分所得が貯蓄に向かい消費に結びつかないこと、及び情報化の進展と経済のソフト化によって、所得の把握が困難になる一方、節税、脱税等の租税回避行動に走るものが増え、いわゆる租税弾性値が低下していること等に求められる。いずれにしても、経済の活性化を図ることによって将来の税収の増加をもくろむことは、病弱な息子や道楽息子に資金を貸して出世払いを期待するような話で、これまでにも成功しなかったし、今後も大きな期待はもてない。

もう一つの方策は、行政改革による歳出の削減で、約四半世紀前の第二次臨時行政調査会（土光臨調、以下本書では「第二臨調」という）による「増税なき財政再建」が目指した路線である。これはいわば正攻法で、マスコミや国民の支持は得られるものの、それぞれの歳出は、各省庁及びその背後に控える各種業界の既得権と強く結びついていることから、どの部分を削減すべきかの具体論になったとたんに「各論反対」が生じ、その路線は定着しなかった。

筆者は第二臨調事務局に勤務した経験があり、その後も行政管理庁・総務庁の職員として行政改革や行政の運営の改善に携わってきたが、その経験から、行政の内部には、国民にとっては当たり前の改革や改善を妨げる大きな病因が横たわっていることを感じてきた。その一部は、行政機関のタテ割り構造、政業官の癒着、あるいは官僚制の病理などとして指摘されているが、それらを含め、いわば行政と公務員をめぐる病理としてとらえ直す必要性があると考えている。

この病理は、ますます深刻さの度合いを増してきた。住民と身近になった市町村の窓口等においては、ある程度改善の芽も生え始めているが、霞ヶ関の硬直化は一層ひどくなった。その結果、費用対効果を無視したムダな事業が続けられ、貴重な財源を浪費しながら、未来の世代に引き継がれるべき自然や環境を破壊し続けている。福祉や医療、教育といった分野でも、それぞれの業界の既得権を保護するための硬直的な施策が続けられ、国民のニーズとのミスマッチを引きずったまま、歳出の増大に拍車をかけ続けている。

今日のわが国では、少子化対策が大きな課題になっているが、生まれながらにして両親や祖父母の世代が作った膨大な借金のツケを回される不幸な運命を背負った子どもを生む気になれない人達が増えるのは当然ではなかろうか。

もはや猶予はできない。国、地方合わせて約八百兆円近い累積債務を抱えながら、高齢化が進行していくという環境の中では、一切の増税を拒否するという選択肢は現実的でなく、国民に十分な説明をし、抜本的な改革のため汗を流した上で、最低限度の負担増をお許しいただくほかに方法はない。もし国民がそれさえ拒否し、あるいは租税回避行動に走るような場合には、深刻なモラルの低下を招くほか、インフレの進行等により、かえって大きなダメージを蒙るおそれもあるからだ。

手遅れのきらいはあるかも知れないが、なるべく早く思い切った歳出カットを行い、同時に行政と公務員が姿勢を正し、様々な歪み、すなわち病理現象を改善し、質の高い行政サービスを提供し、国民の信頼を回復して行く以外に、わが国を破滅から救う途はない。

行政の機能と評判

筆者は行政管理庁、総務庁に勤務した後、群馬大学で教壇に立っていたが、行政に関係する講義の最初の時間に、「行政」や「公務員」という言葉からどんなことがらが連想されるかを聞いて見ることにしていた。学生達から出てくる言葉を黒板に書き連ねる。固い、不親切、タテ割り、縄張り争い、無責任、秘密主義、情報隠し、役得、官々接待、汚職……そして身分が安定、と続く。

黒板の文字をそのままにして、「ところで君たちの中で、将来、公務員になりたい、なってもいいと考えているものはいるのか」と聞いて見る。かなりの数の手が挙がる。「でも、どうしてこんなイメージの職業につきたいの」と聞く。「一緒に甘い汁が吸いたいの」とからかうと、まさかと、大真面目に頭を振る。「じゃあ乗り込んで改革するつもりか」と突っ込むと、そんな大それたことをと、困惑した様子で押し黙っている。

良く聞いて見ると、毎日、新聞やテレビで非難されている行政と、自分が将来なりたいと思っている公務員が、迂闊《うかつ》にも結びついていなかったということらしい。

この学生達を笑えない。世間一般も、同じような矛盾を冒しているからである。常日頃、腐敗、堕落、無能力を批判しておきながら、難しい社会的な問題が発生すると、行政は手を出すなとは決していわない。むしろ、何をしているのか、積極的に対応しろとはっぱをかけるのが普通である。要するに、学生も世間も、行政の役割の重要性を認め、それが適切に機能することを期待しながらも、その願いを裏切り続けている現実を冷たい眼で見ているというわけなのだろう。

初志が貫けない公務員達

悪口、陰口を叩かれている公務員も、キャリアと称される中央省庁の幹部（候補生）から、小さな役場の吏員に至るまで、その昔は純真な学生であり、公務に携わる責任感と緊張感を胸に秘めながら、新任の辞令を受けたに違いない。そして、今でも大部分は、家庭や地域に戻れば　常識的で良心的な市民なのではなかろうか。

その彼らが組織の一員となり、仕事に慣れるにつれ、硬直的で血が通わなくなったり、一握りではあるにしても汚職や職権濫用などの不祥事をひき起こしてしまう。また、個々の公務員は、国民のために良かれと思って取り組んでいるはずなのに、全体としては成果が上がらなかったり、国民の反発を買ってしまうのは何故だろう。

行政上の問題点や欠陥に関しては、これまでも常に反省と是正が求められ、政治による指導、国民による監視、厳格な規律と公務員倫理の確立などが求められてきた。行政機関も公務員も、国民の冷たい視線を無視しているわけではなく、お役所仕事からの脱皮を図り、携わっている仕事の改善・合理化と国民へのサービスの向上のため、それなりに汗をかいているはずである。にもかかわらず、なるほど良くなったと国民が肌で感じられるような成果はなかなか上っていない。政治の悪影響、制度の壁、マスコミが吹かす逆風等、いろいろな原因があげられるが、それだけではなく、行政のとらえ方、分析の方法論にも問題があるのではないかと考えている。

行政をめぐる理論、方法論の問題点

筆者は、三十数年間の公務員生活中、ある時は様々な実務に従事し、ある時は、組織・定員管理、行政監察、行政改革、その他行政を見直し、改善するための仕事に携わってきた。さらに、退職後は群馬大学において、一学究の立場から行政の研究を続け、同時に県や市町村などの地方行政のお手伝いをしてきた。

そういう経験から見ると、行政をめぐるこれまでの理論や評論、あるいは改善のための方法論には、大きな偏りないしは空白があるような気がしてならない。もちろん、先達が積み上げてきた学問的な成果は、的確に行政の一面をとらえ整然と説明しており、内部にいるものにとって、意思決定や業務の遂行に際しての拠りどころになっている。マスコミを中心とする評論や批判も、行政マンに新たな知見をもたらしたり、頂門《ちょうもん》の一針《いっしん》として真摯な反省を迫るなど、それなりの刺激にはなっている。しかし、そういう理論や評論に適切に対応して行けば、現実の行政が良くなっていくかというと、そうはならないのではないかとほぼ断言できる。

何故なら、それらの理論や評論は、ややもすれば死体解剖的だったり、全体から切り離された部分を観察し、分析していることが多過ぎるからである。生きた行政は複雑な大量現象であって、あちらを立てればこちらが立たぬという面が随所に見られる。たとえば、法令の規定を忠実に守っていれば、現実の要請からかけ離れることが多く、杓子定規、石頭との批判を受けるとともに、非効率的で業務が停滞してしまう。さりとて、担当官が臨機応変に難題に対処していけば、法令違反、手続ミスと足をすくわれる。

また、豊かな時代を迎え、顧客である国民のニーズが多様化していく中で、個々の要望を大事にしていけば、不公平だ、えこひいきだといわれかねないし、逆に、平等な取り扱いに徹すれば、ワンパターンだ、悪平等だ、硬直的だと非難される。そんなこんなで、良心的な公務員ほど、ジレンマ、トリレンマに悩んでいるはずである。

二つの誤った考え方

これまでの行政をめぐる評論、批判の系譜には、二つの誤った考え方が含まれている。その一は、あるべき論からの出発である。もし、行政を科学的に運営しようとするなら、まず、ありのままの現実が把握され、施策、つまり現実を望ましい方向に変えようとする行政側からの働きかけが、実社会にどのようなインパクトを及ぼし、どのような成果と副作用が生じるかを実証しながら行われるべきである。ところが、そのような方法は滅多にとられず、理想論、あるべき論に基づく架空の絵が先行し、その実現が目指されるとともに、理想像とのギャップが問題とされるといった、非科学的で荒っぽい手法がとられていることが多い。

かつてアメリカで、飲酒による社会風俗の乱れを是正しようと、禁酒法が施行されたことがあったが、結果的には密造と密売を横行させ、ギャングの繁栄をもたらした。東京都では優れた都立高校をたくさん作ろうと、厳格な学区制をしいた結果、進学熱心な生徒は私立に流れ、都立高校の地盤沈下を招いた。もっと大きな悲劇は社会主義・共産主義思想で、革命の騒乱による多大の犠牲を払った上、築かれたのは、平等、博愛の理想とはうらはらな、一握りの党幹部が繁栄する不公正な社会だった。

このように、実証性を欠いたあるべき論、理想論は、実は大変な危険思想なのだが、何しろ、その目指すところが、正義、平等、安心、安全、福祉社会等々といった、誰もが反対しづらい耳あたりの良いものだけに、権力、権限をもつものが唱えれば強力な武器になるし、マスコミや世論に片棒をかつがれれば、その勢いは止らなくなってしまう。

その二は、全体に対する考察を欠いたまま部分をあげつらう癖である。行政は極めて多種多様な要素が絡み合う、いわば複雑系に属し、全体像はなかなか摑みにくいので、どうしても部分から把握し、分析して行く方がとっつきやすく、分かりやすい。ところが部分を最善にして行けば全体が最善になるかといえば、そうはならない。経済学でいう合成の誤謬《ごびゅう》（一つ一つの行動は正しくても、社会全体としてはいい結果を生まないことがあるという現象）は、行政の世界でも認められる。

その上、悪いことに行政は、部分を担当している各省庁・各部局によって分担管理され、それぞれが強力に自分の縄張りの最適化を主張するから、これを総合し、全体的観点から考察し、評価していこうという考え方がなかなか芽生えない。一般にタテ割り行政の弊害は、縄張り争いなど、部分どうしが衝突、対立している局面で強く認識されるが、部局間の関係が平和的で、協調的だとしても全体がうまくいくとは限らないのである。

このような行政観は、必然的に次のような問題点を生み出してしまう。

①　あるべき論は、行政の完全性、無謬性《むびゅうせい》信仰を生む。このため、現実に直面してい

る国民からの訴えや提案は、行政側に明らかな欠陥がある場合を除いて、なかなか責任者、意思決定権者にフィードバックされなくなる。

② この信仰は、両刃の剣となって行政にはね返る。行政は限られた予算、人員で執行される大量現象なので、その品質管理には限界がある。しかし、この信仰の下では、どんな些細なミスでも責任追及のタネにされ、責任者は、ひたすら謝り、再発防止を約束させられる。ところが、同様のミスはある程度の確率で必ず再発するから、あげ足とりを飯のタネにする行政批判産業を助け、行政の信用をますます低下させる。

③ タテマエ論に基づくマニュアルが想定していなかったような事態が生じた場合、黙って手をこまねいていれば、組織は非難されても個人責任は問われないが、逆に、臨機の対応をした場合、全体の成果とはかかわりなく、個々の行為について個人責任が問われる。沢山いいことをしても、一つの悪い結果を招けばその部分だけが非難されるのである。このため、公務員の対応は常に消極的になり、タテマエ論の下では説明困難な現実的対応をした場合は、情報隠しに走りがちになる。

④ 分かりやすい、表面的な問題が批判の中心となるため、表面をとり繕う対症療法が繰り返され、その結果、潜在的、構造的な原因の究明がないがしろにされ、より大きな病根が見過ごされる。

⑤ 今日の行政上の問題点は、大部分、制度疲労に起因する成人病的な原因をもってい

るが、タテマエ論に慣れた国民は、ドラスティックな一刀両断的改革を期待するため、地道な行政改革が進めにくくなる。

行政の病理学的分析の必要性

このような行き詰まった状況から脱却し、真に国民のためになる行政の改善と改革を推進して行くため、提唱したいことがらが「行政の病理学的分析」である。

行政は複雑系に属する大量現象であるから、部分をあげつらって分析し、減点法で評価し、モグラ叩き的な対症療法を繰り返しても実りは少ない。むしろ常識的に期待される状態からの大きな逸脱、つまり病気か否かを見定めるとともに、その軽重、すなわち不快ではあっても一過性で大事には至らないものか、それともその底に重大な病根が潜んでおり、放置すればますます深刻な事態に至るのかを見極めるとともに、そのよって来る原因、病理を探り、適切な回復、治療の方法を探るといった方法論の採用が必要なのである。

ちょうど、医学が、あるべき肉体の姿や理想の健康の追求ではなく、現実に人々を悩ませている重い病苦を和らげ、部分的な不具合を緩和《かんわ》するとともに、その病根を突き止め根治するため、そのような健康の破綻が生じた原因、生理現象の解明に努めているように、人間と同様に複雑な構造をもっている行政についても、あるべき論、タテマエ論といった形而上的、神学的な方法論から脱却して、現実的で科学的な方法論に立脚した考え方を導入すべきなのである。

ところで、行政には人間と比べて、決定的に異なる特徴がある。それは行政を担う実体は絶対に死なないということである。これは、政治とも企業とも全く異質なところである。時々、外国の総選挙で、与党の議員がほぼ全員落選したというニュースを聞くことがある。このことは、政治を担う実体は死ぬことがあることを示している。企業の倒産も良くあることで、むしろ、ある程度の割合で死んで市場から退出して行く方が、健全な資本主義の証しという見方さえある。

これに対して行政を担う実体は、少なくとも先進諸国では、宇宙人にでも占領されない限り、まず死ぬ、つまり継続性・連続性を絶たれることは想定しづらい。特にわが国では、第二次大戦の敗戦後でさえ、行政組織と公務員集団はその基本を維持し、ごく上層部が責任をとらされただけで、直近の後輩がとって代わったという歴史をもっている。

この特質が行政の強みであると同時に最大の弱点になっている。行政を担っている実体が死なないということは、いったん形成された奇形や、内包されてしまった病の発生構造がいつまでも温存させられることを意味する。とりわけ、今日の行政は数々の生活習慣病、すなわち成人病、老年病に冒されているので、その対応策としては、個別の対症療法ではなく奇形や体質の改善に置かれなければならないことは自明である。先に述べた学生達の指摘する行政の欠陥も、たとえば、法規への過度の依存症、組織の肥大化と癒着、神経や感覚器官等に相当するセンサーの麻痺、様々なねじれによる統合失調など、永年の間に形成された病理や体質がもたらしたものである。

　何らかの形で行政にかかわっている国民の中にも、行政特有の非効率的で形式主義的なやり方を、「ほとんどビョーキ」という眼で眺めている向きも少なくない。そのうちの特に酷い症状を緩和しながら、体質を改善し、病の発生構造の根を絶って行くべきであるというのが筆者の考え方であり、そのような観点から、分析と改善方策の提示を試みたのが本書の狙いである。

　本書では十六の主な病をとりあげ、これらを原因に着目して四つの部に分けて見たが、当然のことながら、病の原因は複雑にからみ合っているため、この分類は便宜的なものに過ぎない。

　また、各章に示した個々の病の解説は、おおむね、概要、症状の特徴、原因と発生構造という順に記述されている。雑誌の掲載時には、病ごとに対処と処方箋を記したが、本書では、各部ごとにまとめるとともに、終章に「私の行政改革論」という形で大事な論点をまとめて見た。

第一部　構造的奇形

行政を病理という見地から分析して見ると、基本的な部分にタテ割り構造という奇形が認められる。その上、それぞれの部分が腫瘍のように自己増殖を続けていること、頭と手足は発達しているが、五感や神経系統に弱点があること、内部に様々な癒着があって、的確な意思決定を妨げていること、などの重大な欠陥を抱えている。これまでの行政改革においても、幾度となくその是正方策が打ち出されているが、長い年月を経て形成されたものだけに基本的な病状がほとんど解決されていない難病である。

第1章　諸悪の根源、クニ・ムラ体制　ヤマタのオロチ型省庁分裂症

「省あって国なし」「局あって省なし」

わが国の行政組織の特徴である各省庁分立体制は諸悪の根源の一つであり、典型的な奇形である。

十七世紀、イギリスのホッブスは、国家を怪獣《リヴァイアサン》（日本語訳聖書ではレビヤタン）にたとえ、市民的自由を守るためには、契約に基づいて形成した強力な国家に権力を集中し、教会や議会、ギルドなどの集団に優越させる必要があることを説いた。その後、政治もその思想も様々な変遷を経たが、現代の民主主義国家は、概《おおむ》ねそういう方向で形成された。

ところが日本の場合、国家は市民によってコントロールされる一つの権力ではなく、怪獣は怪獣でもヤマタのオロチのように、下半身は官僚達の共通の利害で結ばれているが、上半身はバラバラという異様な姿になってしまった。

霞ヶ関に居城を構える各省庁は、財務省（旧大蔵省）や外務省等、内閣制度より古い歴史と伝統をもつものも多く、その大部分は占領軍による統治という大変革を生き延び、様々な政策手段を駆使してエゴを発揮し、地方公共団体や国民に君臨し続けてきた。国会の委員会や与党の部会も概ね各省庁の構成通りのタテ割りになっており、いわゆる族議員がそれらを結びつけている。

各省庁の内部を見ると、その中味も似たような構造になっていることが分かる。たとえば旧運輸省では、陸海空のそれぞれが別個の政策の下に運営され、総合的な交通政策は軽んじられてきた。各県単位に空港が開設され、鉄道や道路との連携が不便になっているのはこのためである。農林水産省における、農業、林業、漁業、畜産業、旧建設省における河川と道路、旧厚生省における福祉と保健、医療なども似たような関係にあり、それぞれが別々に運営され、その間の連携は希薄である。

良く「省あって国なし」、「局あって省なし」といわれることがあるが、つぶさに見れば省や局の中には、キャリア、ノンキャリア、事務官、技官などいくつかの人事系統を異にするグループがあって、それぞれのグループが重要な意思決定に大きな影響を及ぼしていることが分かる。本書では、これら人事グループのうち省庁レベルのものをクニに、局・部レベルのものをムラにたとえ、クニ・ムラ体制と呼ぶことにする。ただし、クニやムラの勢力範囲は省庁や局・部と一致するとは限らない。彼等はそれぞれ割拠する省庁、局・部内の人事を独占するだけでなく、人事交流と称して歴史の新しい役所や地方公共団体の幹部ポストを取り込むほか、独立行政法人、特殊法人、公益法人、あるいは関係の深い民間企業や業界団体に人材を派遣し、子会社化しているからである。勿論、これらの間の連結決算などは存在しないから、その実態は外部からはうかがい知れないが、人事を通じて版図を広げてきたことは間違いない。

クニもムラも大小、強弱様々である。一般にクニはキャリア事務官によって形成されており、官僚の最高位のポストである事務次官はほとんどその出身者で占められている。これに対して、技官は一種（上級）試験の合格者であっても、ポストの上では冷遇されており、旧建設省等少数の例外を除いて、次官に就任することはない。大きな技官ムラは、外局の長官や局長などのポストを持っているが、採用者の数に比べてそういうポストに就ける確率はかなり低いし、小さなムラではどんなに優れた実績を残してもせいぜい課室長止まりである。こういう歪んだ構造が技官の意識を歪め、そのエネルギーをムラの利益を確保する方向で発揮させていることは見逃せない。

複数の強力なムラが存在する省における意思決定は、国民の利益に配慮した総合調整ではなく、有力なムラの間の談合によって行われている。同様に、内閣における国の意思決定は、クニの談合に委ねられることが多い。このような構造のため、内閣総理大臣は勿論、各省大臣ですら、地方の首長のような強力なリーダーシップは発揮できない。その結果、わが国における政治・行政の実態は、裁判所に行政のセンスが乏しいこととあいまって、三権分立というよりは、行政府各省庁、つまりクニ・ムラの連合体、談合組織になっているといっても過言ではない。

タテ割りの行政組織を是正するため、行政改革のつど、各省庁を統括すべき内閣機能の充実や総合調整機能の強化が唱えられてきた。しかし、内閣の事務方がいわば独立王国である省庁、クニ・ムラが派遣するパート職員によって構成されていたり、総合調整を担当する部局に対する政治や国民からの支援が乏しいこともあって、十分な成果はあがっていない。先に行われた中央省庁の統廃合も、ムラというカセットを差し込むクニというパネルの数が減っただけで、タテ割り構造の解消からはほど遠いものである。

クニ・ムラは独立の王国

クニ・ムラ体制の弊害は、まず、タテ割り行政、縄張り争い、権限争議といった形で現れる。行政が複雑化するにつれ、同一の行政目的や対象をめぐって多くの行政機関が関与するいわゆる共管競合行政が発生するが、複数の役所が相互に重複したり矛盾した対応をすれば、全体として非効率になり、国民にとってわずらわしい。

たとえば、学齢前の幼児については、幼稚園は文部科学省、保育所は厚生労働省が所管し、別々の施策体系によって対応されているため、幼児をもつ家庭や市町村にとっては、大きな不便がもたらされている。福祉と保健、医療は、いずれも国民の生活を支える重要なしくみであるが、同じ厚生労働省内ではあっても別々のムラによってタテ割りに分担されているため、国民にとって、最適のシステムが形成されていない。ハード面の街づくりに際しても、地域の一部が港湾区域等に指定されていれば、計画の根拠となる法律と所管省庁が異なるため、調整に手間ひまがかかる上、地域にとって最適な計画の立案が妨げられる。道路や下水道等のインフラの整備も、国道、地方道と農道・林道、あるいは公共下水道と合併浄化槽がバラバラに計画され、建設されているため、大きな不均衡と非効率を生じているなど、その問題点は数えあげればきりがない。

消極的権限争議というものもある。クニやムラは、権限は激しく争うくせに、担当したくないことは互いに押しつけあう習性がある。国会の開会中、各省庁の公務員達は、毎日、深夜・夜明けまで居残っているが、その原因の相当部分は、担当するのが嫌さに答弁を押しつけあっているために生じているようだ。

しかしながら、この病の最大の弊害は、それぞれのクニやムラが政治家や業界・顧客集団と癒着して独立の王国を形成し、その権限、予算、人脈をフルに活用して、王国の利益の拡大を図り、国と国民全体にとって最適な意思決定を妨げていることである。

郵政民営化をめぐっては、選挙の際、特定郵便局や全逓労組にお世話になる与野党の国会議員が構造改革路線に異を唱え、改革案を骨抜きにした上、否決した。彼等は現在の郵政三事業は効率も顧客サービスも優れており、国民に歓迎されていると主張していたが、政府機構の中に巨大なムラがあり、政治と癒着して大々的に活力を発揮してきたからこそ、金融や財政を歪め、本来は民間部門で有効に活用されるべき国民の資金を非効率的な公的部門に流し続け、政府の肥大化に大きな貢献をしてきたことに対する反省を欠いていた。

族議員達は、郵政公社への経営形態の変更と財政投融資制度の廃止によってそういう弊害に歯止めがかかっていると主張したが、改革反対に結集した大きな政治的パワーを見せつけられると、郵貯、簡保といったカネが残れば、今後もこれらを彼等の息のかかった公的部門に誘導していくための力が働くことは間違いないという印象を与えた。あまりにも大きな抵抗をしたために、かえって国民にその正体を見破られ、改革を止めるなという小泉首相、自民党に大勝利をもたらしたのである。民主党は、必らずしも族議員ばかりではなかったはずなのに、対案も出さずに反対するという旧態然たる作戦をとったために、国民に見放なされたといえる。

郵政族に限らず、クニやムラは権限の強化と拡大を競い合う。もともと権力を持つ者は、自らの価値を高め利益を極大化するため権限を拡大したがるものだが、競争によって、この傾向はますます強められる。帝国主義時代の列強が先を争って領土を拡大したように、クニやムラは社会経済の変化に伴って生じる行政上の空白を見逃さない。帝国主義時代には、海賊まがいの行為でも、未開の地に国旗さえ立てれば国家が支援したように、クニ・ムラは、権限の強化に役立てばどんな屁理屈でも容認する。

郵政改革への反対運動に端的に見られたように、この構造は、改革の妨げになっている。行政改革のつど、総論賛成・各論反対という現象が生じるが、筆者の経験によれば、各論とは孤立した小グループの論理ばかりではなく、その底には強く結ばれている下半身があった。たとえば、時代に合わなくなった規制や補助金、特殊法人等の廃止や縮小をマナイタの上に乗せたとしよう。他の省庁にも似たようなものはゴマンとある。それらは、不必要という点では共通していても、その裏には個別の理屈と人脈があるほか、クニやムラに共通する官業と政府依存産業に対する擁護論があり、改革を進めようとすれば、それらのすべての連合軍と戦わざるを得なくなるからである。

いざ戦が始まれば、業界団体や地域団体が改革反対の陳情に大挙して押しかけてくる。族議員がこれだけは勘弁してくれとやってくる。どこで調べたのか、古い友人まで駆り出される。改革を応援してくれる者は、遠くで気勢を上げたり、マスコミを通じてアジ演説をするだけで前線に出て来ることは少ない。だから戦場は抵抗勢力で埋めつくされ、大げさにいえば、全国民を敵に回しているような気がしたが、それもそのはず、大多数の国民は、クニやムラと何がしかのご縁をもっているのである。

意思決定に時間がかかり過ぎ内容が歪むことも、この奇形のもたらす弊害である。

内閣が国会に提案する法律案や予算案は、閣議で全会一致で決定しなければならないが、閣議提出案件は事前に事務次官会議に付議されることになっている。このシステムは法的な根拠はなく慣行に過ぎないが、これまで厳格に守られてきた。このため、次官会議の構成メンバーとなっている全省庁に拒否権を与えるような効果を生んでおり、一省庁でも反対すれば閣議決定ができないから、省庁間の協議に時間がかかる。

法律案等の閣議案件を様々な角度から検討することは悪いことではない。しかし、水面下で行われている省庁間や与党との調整は、国民の利害ではなくクニやムラの権限争いにからむものである。その上、攻める側も守る側も、前線で戦う者達はキャリアの新兵が多い。このため大局的に見れば意味のない論戦に時間がかかることも稀ではないが、そういう児戯にも似た戦いが許されているのは、「権限を守ることは聖戦」という共通意識があるためで、公務員達はこのような経験を通じて、一人前の法匪《ほうひ》として鍛えられ、組織に対する帰属意識を高めていく。戦は時の氏神によって決着を見ることが多いが、秘密の覚書を交わす等、国民不在の談合に終わることも少なくない。

第4章の「組織内癒着症」で詳しく分析するが、それぞれのクニやムラの真の支配者が不明確なことが問題をさらに複雑にしている。一般には、事務次官や局長が官僚王国のトップと考えられているが、クニやムラの権益に大きくかかわる問題については、王国の構成員全体の意思が尊重されていることが多く、長老的存在のOBが果たす役割も小さくないと推測される。このことを怪しむ者は少ないが、国民の信託を受けていない者が国の意思決定に大きな影響を及ぼしているとすれば由々しき問題ではなかろうか。

忠誠の恩賞としての「天下り」

憲法や内閣法、国家行政組織法によってきちんと骨格が定められている行政組織を空洞化させ、クニ・ムラの分立体制を形成させている最大の原因は人事である。

公務員達は、在職中はもとより退職後に至るまで、クニ・ムラに対する献身の見返りとしてポストを与えられ、いわば「超終身雇用」が実現されている。

この関係は、鎌倉武士の御恩と奉公にもたとえられるが、公務員達も、若い頃からこの関係に敏感である。四十年以上も前の昔話になるが、筆者が総務省の前々身である行政管理庁に入ることになった際、友人達から、そんなところに行くと天下り先がないぞと忠告された。

二十代の若者が定年後を心配していることに驚いた筆者の方が世間知らずだったことは、

霞ヶ関の一員になってから思い知らされた。各省庁の同輩達は、合同研修等に際してその役得の多さを自慢しあっていたし、公務員宿舎に帰れば奥方達は盆暮の貢物の多さを誇りあっていたからである。しかし、最も不愉快だったのは、そういう欲得に縁のない省庁の職員が、胸を張る代わりに劣等感で肩身を狭くしていたことや、世間においてさえ一流官庁云々という格付けがあり、その判断基準が、天下り先や役得の多寡だったことである。一方で官僚バッシングをしながら、他方で大王国を賛美するマスコミや国民の矛盾した風潮も、この病の構造的原因の一つになっていることは間違いない。

クニやムラに対する忠誠の恩賞としてポストを与えられる公務員達の良心を麻痺させ、内心の正当化に寄与しているのが、公務員制度の矛盾である。公務は、公正、中立に行われなければならず、その上、成果を客観的に評価することが難しい。そういう状況の中で、高い能力と識見をもつ幹部を養成するため、無理に無理を重ねているのが現在のシステムである。

長い目で優秀な人材を選抜していくため、キャリアシステムが採用され、入口で厳しい選抜を行う代りに、目先の実績や上司の覚えとはかかわりなしに納得の行く仕事をさせるため年次主義を採り、あるレベルまでは平等に昇進させる。

この間、無定量の勤務、つまり長時間のサービス残業をさせながら民間の一流企業に比べて俸給は安く、実績を上げたものも、それなりの仕事ぶりでお茶を濁した者も、昇進や給与面ではあまり差をつけない。その代わりに幹部への登用と退職後の処遇で報いているというシステムが種々の病状を生むのである。

クニやムラは自らの仕事を創造できる。第四部で述べるように、国民の間に完全主義信仰や安心・安全ヒステリーがあることは、無限の潜在需要があることを意味する。彼等は、新たな問題や事件が起こるたび行政は何をしているとお上《かみ》を責める風潮にも助けられ、規制、助成、行政計画の策定、各種法人の設立等の政策手段を駆使し、その領土を着々と拡大してきた。これらの施策は、いずれも国益・公益を目的として立案されるものであるが、クニやムラは、その具体化に際して、ちゃっかりと縄張りを広げ、ポストを確保し、王国維持のためのエネルギーを補給し続けてきたのである。

第4章で述べるように、実質的な意思決定権者が不明確であり、誰も責任を取るものはいないという、いわゆる集団的意思決定方式もタテマエの上では国民のため、ホンネは王国の利益という行動を助けている。

この病の病根は長い歴史の中で形成されてきたものであり、行政組織の内部だけでなく政界、業界、国民一般にも広がっているため、大手術は抵抗があってできないし、小さな手術をしても新たな癒着のためにその効果が減殺されてしまうという厄介な問題を抱えている。しかし、この奇形こそわが国の行政を歪め、本書に上げた他の様々な病を生み出す根本的な原因になっているのである。

第2章　怪物は絶えず税金を食べ続ける――一家性腫瘍

霞ヶ関の「ワル」

第1章で述べたように、クニやムラを構成する公務員達は、組織の利益を追求するため手段を選ばない。それらは、施策という衣を着ている上、手続的にも正当化されているため、不正不当とは言い難いが、うさん臭い匂いも漏れて来る。立案され、運営される施策の陰には、ヤクザが「カスリをとる」ように、ちゃっかりとクニ・ムラの利益を確保する仕組みが隠されているからである。

わが国は、西欧諸国に比べれば国民負担率は低いといわれているが、公共サービスの価格、税外負担、累積債務等この種の組織的非行に原因をもつ様々な形での国民への転嫁を加えれば、実質的な負担率ははるかに大きく、国民生活に様々な悪影響がもたらされているのではなかろうか。

だから、このような行為を病として捉え、その治癒の方策を探ることとしたい。病名は、この種の権益の拡大が、クニやムラの一家意識に基づいて推進されていることから名づけた。発音は同じでも、一過性でないことが残念である。

当事者にこの病の自覚症状があるかどうかは、微妙なところである。お役人衆には、自らの所業を他人の眼を借りて見直そうという習慣を欠く者が多く、権限や権益の拡大を当然と考え、病などとは思ってもいないように見える。

しかし、霞ヶ関には「ワル」という言葉がある。何らかの企てをして、巧みな根回しで実現させ、その結果、自らの組織ばかりでなく、関係省庁や政治家、業界に皆いい思いをさせる。そんな旨い話を担ぐ者に対する評価である。でも、そんなやり手がなぜ「ワル」なのか。時代劇の「お主もワルよのう」という科白に似て、褒めているのか貶《けな》しているのか微妙なところだが、おそらくは関係者が受益する分、そのしわが、物言わぬ一般国民に寄せられている。その罪の意識が、つい「ワル」という表現をさせてしまったのではなかろうか。

増殖する施策という名の腫瘍

行政目的を達成するための様々な施策手段、すなわち法律の制定、予算の策定、長期計画の立案、事業の実施、民間活動に対する規制や助成などの多くが、官製市場を造り出し、行政に依存し、寄生する産業（以下「行政依存産業」という）を発生、助長させている。

勿論、各種施策は、少なくとも発足当時は国民にとって必要だったはずである。しかし、市場原理の働かない薄暗い世界で形成された施策は、担当するクニ・ムラと行政依存産業及びその票と懐を当てにする族議員の強力な後押しにより、必要以上の規模で生まれ、その役割を終えても打ち切られるどころか、増殖を続ける。

このように国民のニーズを超えて際限なく増殖して行く施策群をここでは腫瘍にたとえる。その中に、お役人様の天下り先の確保、その他の権益・役得というどろどろとした膿が溜まり、悪臭を漂わせているのである。

この腫瘍は、行政依存産業との共生という形で増殖して行くことも多い。たとえば、道路や港湾等の社会資本整備をめぐる長期計画は、公共事業に対する膨大な財政支出を約束し、地域経済と土建屋の不可分の構造を作った。官僚達は、現代国家の根幹的分野である福祉、医療、教育などは、利益を目的としていないから産業ではないとうそぶくが、実際には、社会福祉法人、医療法人、学校法人等の行政依存産業と監督官庁の癒着・共生構造が発達していることは、それらの産業の経営者たちがかなり羽ぶりがいいことや、時々明るみに出る汚職事件等の不祥事が教えてくれる。

自由な競争を基本とする一般の産業活動も、国内産業の振興、消費者保護等の様々な名目で、保護や助成の対象となり、護送船団的な官民協調体制が整えられることが多い。業界や企業にとっては、お役所に頭を下げるのはわずらわしいが、その代わり、温室に入ったようなもので、外国や異業種から仕掛けられる激しい競争から免れたり、政治家や消費者からの攻撃をかわす理屈や法的手段も教えてくれるので、歓迎されることが多い。

国民の生命、安全、環境、財産の保護等を目的とするいわゆる社会的な規制も、行政依存産業を生じることには変わりない。その代表例は、車検と運転免許である。いずれも道路交通の安全を錦の御旗に掲げているが、同時に自動車整備業者や代書屋、講習事業など、行政依存産業の利益にも貢献している。この二つの規制は、一般国民に負担を強いているために、いつも話題になるが、企業を対象とした許認可には似たようなものがいくらでもある。

行政依存産業には手続依存型のものもある。個々の企業や業界団体は、ひとたび行政との間に共生関係が生じると、お役所を相手にする専担職員を抱えるようになる。彼らにとっては、お役所とうまく付き合っていくためのノウハウや、手続に関する知識と勘どころがメシのタネであるから、行政の関与する幅が広く、手続はややこしく複雑な方が歓迎される。お役所特有の繁文縟礼《はんぶんじよくれい》はこういう顧客に支えられて異常繁殖していく。

資格制度にも似たような面がある。終身雇用が崩壊し、潜在的雇用不安が広がるにつれ、国民の間に、資格や検定など、自らの能力に対するお墨付きを欲しがる傾向が広がり、これにつけこむサムライ商法が大流行しているが、その中には典型的な手続型行政依存産業が含まれている。司法書士、行政書士、土地家屋調査士、社会保険労務士、その他行政と国民との間をとりもつ諸々の資格制度は、国民の知識水準が向上し、分かりやすい行政が進められていけば、本来は必要性が失われていくはずであるが、実際には彼等の仕事が増える等、逆の方向に向かっているし、税務行政をめぐる不祥事には、税務署員の先輩である税理士が絡んでいることが珍しくない。

電子政府、電子自治体が進展すれば、行政と国民はデータベースやハイパーテキストを共有し、双方向の情報交換が可能になるため、本来は、煩雑な事務手続を革命的に合理化できる可能性を含んでいる。にもかかわらず、実際には、これまで紙の書類で行ってきた手続をそのまま電子手続で行わせるような内容になっているから、結局は一般国民にほとんど利用されない。立案者がよほど頭が悪いか、情報産業や行政依存産業への配慮のし過ぎのいずれかであろう。

特別会計と各種法人という悪性腫瘍

最も巨大で悪性の腫瘍は特別会計（以下「特会」という）と子会社的な法人である。

特会は、財政法に基づき一般会計と区別して経理される予算である。この制度は、本来、事業ごとの収支を明確にしたり、国民の受益と負担の関係を明らかにする等の理由で設けられたものであるが、合計三十一を数え、その予算規模は約三八〇兆円（重複を除いて約二〇〇兆円）と一般会計の五倍にも膨らんでいる。しかも、財源の一部に事業収入や独自の借入金があるため、監督省庁があたかも自分達の縄張りのように自由にその予算を執行し、クニやムラ及びそれに群がる族議員にとっては極めて都合が良い存在になっている。

最近も、厚生年金や国民年金特会によるグリーンピア、大規模年金保養基地等の不採算のリゾート施設の建設、労働保険特会による必要性に疑問がある雇用保険三事業への支出、空港整備特会による特定の財団への駐車場の独占的業務委託、財務省、経済産業省所管特会における架空予算の計上等々の問題事案が明らかになった。

これらの事例においては、実施されている施策の効果が乏しい、経営内容に透明性が欠ける等の問題が指摘され世論の強い批判を招いたが、施策の受け皿として設置された各種法人やその子会社はしっかりと多数の天下り役職員を受け入れている。特会制度はクニ・

ムラ王国の版図拡大に大きな役割を果たしており、「母屋（一般会計）でお粥をすすっているのに、離れ（特会）で子どもがすき焼きを食っている」（塩川元財務大臣）というとんでもない状況になっている。

特会が「離れ」であるとすれば、各種法人は「別荘」であろう。わけても政策金融や公共事業、その他様々な施策を実施するために設立された公団、公庫、事業団、基金などの特殊法人は、杜撰な事業計画に基づいて、利子のついた資金を濫費し、結果的に国にツケを回す放漫経営を行ったり、目的が達成された後も延命を図るほか、役員が天下り官僚で占められ、傘下に寄生する多くのファミリー企業に利益をむさぼらせていることから不評を買ってきた。

昭和四十年代になって、特殊法人の新設が規制されると、ワル達によって認可法人が設立された。認可法人とは、「特別の法律」によることは特殊法人と同様であるが、民間が設立できる仕組みになっている。しかし、法律で国の業務の実施が保障されている法人を民間が設立できるというのは誰が考えてもおかしな話であり、実際にも各省庁主導で設立されている。こんな抜け道がまかり通るのは、内閣法制局や国会があまり機能していないからである。筆者は、かつてある元法制局長官に、その点をお聞きして見たところ、「良くあんなものを認めたものだ」という、率直ではあるが他人事のようなご感想をいただいたことがある。

認可法人の新設も抑制されるようになると、公益法人が利用されるようになった。特定の法人を主務大臣が指定し、国の仕事を独占的に実施させたり、多額の補助金を交付して、特殊法人に似た機能を行わせ、役員などに天下りの官僚を送り込むわけである。

特殊法人等は、今、独立行政法人に衣替え中である。「独立行政法人通則法」という法律に基づく事業評価等、若干の改善を行うことになっているが、中身は変えず看板をかけ代えるのはクニ・ムラのお家芸であり、中には役員の増員等、焼け太りを思わせるようなものも少なくない。また、都道府県や市町村にも、各種財団、協会、第三セクター等、似たような子会社は沢山あり、同じような腐臭を放っている。

腫瘍のツケはすべて国民に回される。国・地方を合わせて約八百兆円に及ぶ借金のうち相当部分は、この腫瘍に吸い取られたものであるし、福祉や医療、教育等が画一的で、国民のニーズに即したサービスが行われてこなかったことや、エイズ、スモンなどの薬害事件、干拓、ダム建設に伴う環境破壊など、国民に回復不可能な損害がもたらされてきたことも、行政依存産業の既得権と癒着したこの腫瘍が出す毒素のためである。

農産物等の商品が割高なことも、高速道路の高い通行料も同様であるが、そのほか施策や事業に便乗して、国民のフトコロから金を巻き上げるセコイやり口もある。免許申請等のために集まる人を相手に、市価よりもかなり高い写真の自販機を設置する等の手口が一般的だが、日本道路公団のＥＴＣ（有料道路自動料金収受システム）はどうしてあんなに高価でかつ不便なのかも理解できない。同種のシステムは、ポルトガルでは十数年も前から普及していたが、車載器は千円程度で、取り付けも自分でできるものだった。なぜ、日本のドライバーがその数十倍の負担をした上、厄介な思いをしなければならないのか、この腫瘍のためという疑念がぬぐえない。

学者やマスコミもクニ・ムラの応援団

この病は、クニ・ムラ体制と深い関係がある。問題は、国や国民全体の立場に立って、クニやムラをコントロールする機能が弱過ぎることである。制度の上では各省庁は内閣の下部組織であり、国会にもチェック機能がある。しかし、わが国の内閣は各省の出向者から構成されているいわば国連のような存在に過ぎず、行革の都度、その機能の強化が図られてはきたものの、まだ強い力はもっていない。だから、政府における意思決定は、有力なクニの談合という形で行われ、事務次官会議はこれを保障する場になっている。同様に省庁における意思決定はムラの談合によっており、ムラの横暴がまかり通ることも多い。

クニやムラが強大な結束力を誇る原因は、既に述べたように「人事という御恩を期待して奉公するシステム」にある。不幸なことに、わが国の公務員制度は、極めて悪平等的に設計、運用されているので、良く働いた者を生涯にわたる処遇・御恩で報いようとするわけである。このシステムを維持するためにはポストが必要である。そこで、クニやムラは、あらゆる施策に便乗して、天下り先を確保することに狂奔するし、給与で正当に処遇されていないことに不満をもつ連中は、権益や役得でモトを取ろうとする。

クニやムラは制度、情報、理屈、人脈という強力な武器をもっている。まず、彼らは行政依存産業や族議員の後押しで、法律的な裏づけをもつ強固な既得権を確立している。次に、所管行政に関するデータを独り占めにし、その公表や突っ込んだ分析を行うか否かの自由をもっており、都合が良さそうなら積極的に利用して大々的な宣伝するが、危なそうな場合には、情報を握りつぶし、そ知らぬ顔でとぼけてしまう。さらに、それまでに開発し、磨き上げ、流通させた様々な理屈、論理をもっている。彼らと共生しているのは、産業や族議員に止まらない。学者やマスコミも、クニやムラと価値観を共有し、たとえば河川の洪水対策としての「高水流量」とか「大衆薬による副作用」等々、それぞれのムラの作り出した都合の良い仮説を支持し、応援団として機能することが少なくない。

社会経済の変化に対応して構造改革を図ろうとしても、クニやムラは、郵政民営化反対運動に見られたように、それらの武器と人脈を総動員して組織的抵抗を行い、その権益を死守しようとする。だから、外部からどんな攻撃を受けても、少なくともすれ違い、見解の相違による引分に持ち込んだり、改革案に骨抜きのための仕掛けを組みこもうとする。ボクシングのチャンピオンベルトが、引分なら挑戦者に移らないように、骨抜きに成功した改革案は、実行の過程では、紙切れに等しい証文として扱われ、改革は実現しないのである。

権限の拡大に伴う利益という甘い汁を含んだこの腫瘍はクニやムラ社会の歪んだ価値観から生じていることは疑いない。国や国民全体の立場から、後に述べるように、クニ・ムラの解体という大手術を行うほかに克服する途はないだろう。

第3章　発達する頭と手足、お粗末な神経　五感・神経障害

意思決定者に届かない国民の声

わが国の行政を人体にたとえてその特徴を探れば、数が沢山あることは別にしても、まず異様に大きな頭が目につく。中央省庁に権限と金が集中しているという意味でも、理屈がぎっしり詰まっているという意味でも頭でっかちなのである。末端で国民に対して強い権限を行使しているという点では、手足もしっかりしているといえる。

ここまでは頼もしいともいえるが、大きな弱点もある。五感と神経系統が頼りないのである。だから、まるでセンサーと回路が不安定なコンピュータ・システムのように、状況に適合した場合には威力を発揮するが、環境が変わると、見当はずれの方向に暴走したり、

止まったまま動かなくなってしまう。

センサーからの信号が十分に伝わらないまま、頭が手足を支配しているような病状を、ここでは五感・神経障害と呼ぶことにするが、その弊害は至るところで発生している。

たとえば、いじめによる死亡事件などが起きると、学校の関係者はそんな状況は知らなかったという。多くの場合、被害児童やその家族は、学校や教師に対し何らかのサインを送っていたはずである。本当に気づかなかったとすればよほど鈍感であるし、うすうす気づいていても真相を探ろうとしなかったとすれば無責任で、いずれにしても職務怠慢の咎《とが》は免れがたい。

北朝鮮による拉致事件の被害者の家族からは、行方不明になった当時から、状況証拠に基づいて悲痛な訴えが繰り返されていたようだ。にもかかわらず、その声は行政の中枢部に届かず、手遅れになるまで二十数年間放置されてきた。

国民の声が届かないという点では、筆者にも苦い思い出がある。恩給局長を務めていた頃、国民の皆様から良くお手紙をいただいた。真剣にしたためられた手紙は、ほとんど誰にも読まれることなく、決裁文書に添付されていた。それらに目を通して、担当職員に訴えの趣旨に沿って検討できないかと問うたこともあったが、なかなかうまくいかなかった。前例と異なる取り扱いをすると、垂直的な不公平、つまり過去に処分を終えた者との間の不公平を招くといった反論に会うのである。仔細に見れば事案は一件ごとに違うはずなので、前例で片付けずに個別に再検討すべきではないかなどと議論しているうちに、陳情していた方が亡くなってしまったような痛恨事が、ままあった。

政治家の紹介があった場合、対応は大いに異なっていた。結論まで左右されることは少なかったにしても、懇切丁寧な説明が行われていた。これでは口利きはなくならない。

センサーと神経の二つの弱点は、国の運命にさえ影響している。先の大戦に際し、不確かな情報や希望的観測に基づく意思決定が行われ、その結果、未曾有の惨禍がもたらされたことは記憶に新しい。彼我の戦力・経済力の差を無視した無謀な開戦の判断だけではない。ミッドウェー、ガダルカナル、インパールなど、大規模な作戦に日本軍が大敗した原因は、戦力の差というよりも、暗号の解読や索敵による情報収集の軽視や、前線と総司令部の間の的確な情報交換の不備にあったといわれている。進駐した東南アジアにおいて、たとえば入会権等のように発達した現地の慣習法を学ぼうともせずに、欧米流の所有権を優先する法制を当然のこととして軍政を行った無知と不勉強が、民心を離反させてしまったことも似たような欠点だった。

今も生き残る旧日本軍の欠陥

旧日本軍の致命的な欠陥は、センサーと神経系統の弱点に気づかず、現地の実情を無視して、信念と思い込みによって作戦を遂行したことだったといえるが、その伝統は現代の行政にしっかりと受け継がれている。

この傾向は、近年とみに強まっているのではないか。筆者は、平成十四年から十五年にかけて、内閣府の総合規制改革会議の専門委員として審議に参加し、ますますその思いを強くした。

議論が嚙み合わないのである。医療、福祉、教育、農業などの分野においては、国の規制が強過ぎるため、潜在的に巨大な需要と雇用のチャンスが失われているほか、国民の多様なニーズを満たせず様々な弊害や不都合が生じているという問題提起を一切無視して、改革を行った場合に想定される不都合だけを取り上げ、ひたすら抽象的な制度論で抵抗する姿勢を見て、霞ヶ関の動脈硬化とその結果による五感・神経障害が一層進行しているのを感じた。

議論はマスコミが傍聴する公開討論の形で行われたから、分かりやすい現実論になることを避けて、法律論の泥沼に引きずり込んで引き分けを狙う作戦だったのかも知れないが、反論はすべてデータや事例を伴わない理念論、抽象論に終始していた。

たとえば、学校、病院、農業経営等の分野は公共性が高く、利潤の追求を本質とする株式会社の経営にはなじまないという。しかし、学校法人や社会福祉法人等の形態においても実質的な利潤の追求は行われているし、不祥事も頻発している。それに、株式会社方式による公共性と企業性の両立は、既に電気、ガス、鉄道などのいわゆる公益事業の分野において実証済みであるが、教育、医療、福祉等の分野ではなぜその両立ができないのか、いくら聞いても答えはなかった。

幼稚園と保育所の一元化問題については、その背景に、少子化、核家族化の進行とコミュニティーの崩壊、女性の社会進出等の大きな変化が複合している。教育と保育は別々の機能だという理屈があったにしても、一般の家庭におけるニーズは、その両方を同時に満たして欲しいのである。だからこそ、この問題は、数十年も前から幼児をもつ家庭を悩ませ続けてきた。文部科学、厚生労働省側の考え方は、レストランと喫茶店は、機能、目的が異なるから別のシステムで対応すべきだというようなものである。専門に特化して、特色ある経営をすることまで否定するものではないが、地域のニーズに合った形で無数の中間形態があっていいはずで、二元的な制度を維持して、創意や工夫を妨げ非効率を強いる考え方が理解できない。

薬品には副作用があるので、薬局に薬剤師を配置して顧客に十分な説明を行わなければならない、だからスーパーなどでは、薬剤師のいない深夜営業の時間帯に大衆薬を売ってはいけないという主張も、こういう規制から外れている富山の薬売りなどによって、どんな問題が発生しているかなどのバックデータを欠いていた。このように指摘すると、後から一般用医薬品による副作用は、五年間に九五〇件あり、そのうち約一割強は薬剤師からの情報提供で防止し得たという主張が出てきた。服薬回数という分母は不明であるが、数万分の一、数十万分の一という確率は、常識的には「ほとんどない」と評価されるものであり、消費者の利便性を犠牲にする根拠にはなり得ない。また、情報提供で防止し得るものがあるとしても、実際に薬局の現場において薬剤師に相談している消費者がほとんどいないことから見れば、たとえば効能書の改善、店頭へのタッチパネルの設置など、他の手段による方が効果的なはずである。

大学の学部等の新設に際して、既存の学問分野の再編成による場合は届出で済むが、その枠を超える場合は事前審査が必要という制度にも疑問がある。この審査は、実際には学者の主導によって行われるが、彼らの世界にはギルド的体質が強いから、学問分野の縄張りを超える新たな組織が作られるならば、その結果侵害される既得権を少しでも取り戻さなければならないという意識によるものではないかと疑われる。しかもそういう分野については、彼らの知識や経験を超えているから審査能力がない。現実に筆者が勤務していた学部では、新設に際しての審査に大きなミスがあったため、善後策に苦労させられた。そういう具体例を指摘しても、役所側からは何の反応もなかった。何故そのような問題が生じてしまったか、病根を突き止めようとしない姿勢が問題なのである。

夢とロマンが改革を阻む

この病には三つの機能不全が影響している。

その一は、現場や窓口にいる職員の感覚が鈍り、現実が良く見えなくなっていること、つまり目、耳に相当するセンサーの欠陥である。その昔、鉄道の関係者から、線路の保守点検という仕事は、いわゆる「頭の良い」者には向かないという話を聞いたことがある。事故を防止するためには、見た通り、感じた通りの異常の報告が必要なので、小賢《こざか》しい頭の中で余計な整理をすることは却ってマイナスになるというのである。

ところが一般行政の場では、あらかじめ想定された標準的な状況に効率的に対応して行くような訓練がされているから、公務員達はどんな状況に遭遇しても、頭の中に組み込まれた先入観とでもいうべき単純なパターン認識によって、都合良く現実を切り取る性《さが》を身に着けている。このような性がセンサーである五感を鈍らせてしまう。

第二は神経系統の欠陥である。センサーとしての窓口から中枢部の意思決定権者までの組織の階梯《かいてい》が長過ぎるので、その間に情報が減衰したり雑音が混入することと、関与する者が皆似たような色眼鏡をかけているため、そのフィルターを通るたびに、情報に一定方向の偏りが生じるためである。また、公務員には良くヒラメという仇名を持った者がいる。

上の方にしか目が向いていないという意味であるが、こういう中間管理者が多ければ、必然的に神経系統は機能不全に陥る。

第三は、都合の良い情報しか受け取ろうとしない上司の存在である。保線の係員が細大漏らさぬ報告をするのは、どんな情報でもしっかりと受け止められるからである。窓口職員も中間管理者も、時には密かにそれなりにメッセージを上司に伝えようとすることもある。直言すれば嫌われるので、遠回しの言い方によることが多いが、そんな思いさえ届かない上司がいれば、その組織の神経系統は死んだも同然になる。ひとかどの政治家が大臣の地位に着いたとたんに、官僚の進言だけに依存し、世論や現場の声に耳を傾けようとしなくなるのも似たような現象であろう。

このような機能不全を生む構造的な原因が、しゃにむに既得権益を守ろうとする政官業の癒着体質にあることはいうまでもないが、その裏には時代の変化のスピードがあまりにも速いため、一人の人間が一生かかって実現しようとしていた夢や理想を追い抜いてしまったという悲劇が指摘できるのではないか。

若い時代に胸をたぎらせた思いは、本来は社会の利益に貢献し得るものである。しかし、この数十年間の社会の地すべり的変動は、われわれの価値観を大きく変えてしまった。その代表例は、社会主義、共産主義思想であろう。

筆者はいわゆる安保世代に属し、友人に多くの学生運動家をもっていたが、当時から現実をあまり大事にしない彼らの議論に対して、実証主義者のマルクスが二十世紀に生きていたら、教条的な論理に固執していただろうかと、議論していたことを思い出す。

社会主義国家の破綻と終焉という悲劇を経験した今日でも、大学という小宇宙の中では依然としてその亡霊にとりつかれた学徒がはびこっているのも不思議な現象であるが、霞ヶ関の官僚達にもあまりそれを非難する資格はない。

なぜなら、構造改革を妨げている政官業の癒着の原因は、金銭や権力欲ばかりでなく、彼らが共有している夢とロマンではないかと痛感しているからである。たとえば、かつては農は国の基なりという農本主義が全盛だった。国づくり、産業政策、教育、福祉等、いずれの政策分野にも、夢と生きがいが溢れていた。

情報化、国際化、少子高齢化の進行、環境問題の深刻化等によって社会のニーズが変わり、国民の価値観が多様化していく中で、三つ子の時代に刷り込まれたものの見方や思いこみが、目をくもらせ耳をふさいでいる。まして、同じ釜のメシを食っている仲間達がその夢とロマンを日常的に確認し合っているような環境では、夢から醒めるチャンスすらないと想像される。

この病は、前二章のように命取りにつながりかねない重病ではないが、国民のための行政を妨げ続けている業病には違いない。国民のニーズや思いを施策に反映させていくためには、この国民病の克服も大きな課題である。

第4章 「空気」がモノゴトを決める怖さ　組織内癒着症

意思決定者は誰かの謎

この病は第1章の「省庁分裂症」をより悪化させる業病である。怪物は正体が不明なほど猛威をふるいやすい。大きな力をもつ怪獣ヤマタのオロチは、意思決定の仕組みがよく分からないため、外部からのコントロールをより困難にしているからである。

二十数年前の話になるが、筆者が勤務していた第二臨調の委員達は、厳しい財政状況を背景に、各省庁の事務次官と直談判を行い、改革に前向きな言質を得たという一幕があった。しかし、安心したのも束の間、ほどなく審議官や部課長達が次々に押しかけ、あれもダメこれもダメと説明したことに驚いた。トップダウンに慣れていた民間の経営者は、上司が持ち帰った案件が簡単にくつがえされる文化に仰天したのである。

行政改革や機構・定員の審査に携わってきた筆者も、誰を説得したらいいか分からないという意味で、しばしば似たような経験を味わって来た。折衝の場で、実証的なデータを示し、条理を尽くして説明しても、クニやムラの利益を損ないそうな事案については、相手の同意が得られないのである。時には、素直に納得して帰る人格者もいたが、予想通り翌日には、内部がもたないと泣きが入って来た。それではといってその上司に説明しても、現場と折衝しても、全く同じことで糠《ぬか》に釘《くぎ》の状況になる。

多分、役所を相手にした方は、同じ経験をもっているはずである。窓口の職員に相談すれば、私の一存ではできないといわれる。責任者を訪ねれば、担当者に良く検討させますとの答が戻って来る。そこで、窓口と責任者の間を何度も往復して、前例だの、予算だの、類似の案件との均衡だの、相手の繰り出す理屈と戦って、ようやく手応えを感じ出した頃、関係者が転勤して振り出しに戻ることさえある。

このような事例は、実際の意思決定権者が誰なのか、当事者にさえ分からないことを示唆している。部下は上司の指示を待ち、上司は部下に遠慮し、その間に多くの中間管理者がいる。横合いや外野席から異議が唱えられることもあり、結局、全員が同意するような「空気」が生じなければ、モノゴトが決められない。新たな決定をしようとすれば、水面下の根回しに膨大なエネルギーが費される。これらは権限の共有あるいは集団的意思決定といえる文化で、わが国では馴染みの光景だが、むしろ「組織内癒着症」という病と考えるべきであろう。

上下の癒着がもたらす数々の病理

わが国では組織で仕事をすることはプラスに評価されている。しかし、「仲良きことは美しき」という個人生活の美徳も、公の場では談合と同様悪徳と化し、様々な弊害を生んでいる。

この病がもたらす、主な問題点を上げて見よう。

○クニ・ムラの利益の優先

わが国の行政機関は、同じ釜の飯を食い、退職後に至る超終身雇用で利害を共にしている者達で構成され、その同族・仲間意識は極めて強い。そういう状況の中で「空気」が重んじられれば、当然、国益よりもクニ・ムラの利益優先という風に流される。良識も理解力もある立派な人達が、現実や国民のニーズの変化に頑《かたく》なに背を向け、規制緩和や地方分権に反対するのはこのためである。

○行政の透明性の欠如。

今日の行政には、国民に対する説明責任という観点から、意思形成過程の透明化が求められ、情報公開制度が採用されている。しかし、大きな組織では形式責任と実質責任が分離し真の責任の所在が不明確な上、根回しのプロセスにおけるやりとり等は公式の記録には残っていない。このため、公文書が開示されても、意思決定がどのような議論とデータに基づいて、誰の責任で行われたか、反対論や代替案は、何故採用されなかったかなどは解明できない。

○公私混同の発生と口利きの横行

集団的意思決定システムは仲良しクラブ的雰囲気と、人脈やコネが幅を利かす土壌を作る。「空気」には、耳打ちしてきた者の影響力、義理人情、貸し借り等が色濃く反映するが、人間関係の濃淡によって裁量が左右されることは、行政の私物化に他ならない。

口利き政治が横行するのもこのためである。行政における意思形成過程が不透明かつ硬直的で、監査や行政救済部門もあまり機能していなければ、国民は政治に頼るしかない。そこで政治が、本来の立法、企画機能をそっちのけにして、口利きに力を注ぐようになる。だから口利きのすべてが問題とはいえない。前にも述べたように、筆者の恩給局長時代にも、裁定に納得できない方々から、政治家を通じて様々な不満が訴えられた。大部分は制度を知らなかったり、誤解していたために生じたものであったが、中には、役所側の前例主義による対応に問題があったものも含まれていた。あえて政治家の手を借りなくても、行政の問題点がスムーズにフィードバックされる機能が的確に働かないことが問題なのである。

その一方で組織内の癒着は、政業官を始めとする外部との癒着を効果的にする。行政に食い込もうとする者は、行政組織の中の有力な一人とコネをもてば、その組織内のあらゆる部署に「わたりがつく」からである。かつての大蔵省のMOF担はすっかり有名になったが、行政への依存度が高い業界では、程度の差はあれこういう付き合いが重んじられていた。普段から友人づきあいをしていれば、情報が入手できるだけでなく、頼みごとがある時には手ぶらで出かられ、贈収賄に問われる可能性が少なくなるからである。公務員倫理法の施行によって、それも困難になったと思われるが、抜け穴が無くなったという保証もない。

組織内の誰かを通じて影響力を行使できるという癒着の仕組みは、「公務員は退職前に関係があった業界に再就職できない」という、天下り規制も空洞化している。
○働かないチェック機能。
各省庁には、大臣官房という強力な総合調整機能や検査、監査、監察部門等の反省、自浄機能が備わっている。これらの機関が十分に機能していれば、予算の無駄遣い、公金の組織的私物化、公共投資や経営の失敗等は早期にチェックされたはずである。同じような失態が繰り返されている理由は、組織的癒着がこれらの部門にまで及んでいることを示している。地方においても、このような癒着は特別職の公務員である監査委員や公安委員、教育委員等をも巻き込み、第三者的機能の発揮やシビリアンコントロールまで無力化している。

○意思決定の歪みと質の低下

公務に携わる者には、多彩な現実と多様なデータを豊かな感受性と鋭い洞察力で読み取り、バランスの取れた良識に基づく適切な舵取りが求められているはずである。にもかかわらず、冷静な判断力と暖かい心をもった人材でさえ、組織の一員になると急速にその中に埋没し、凡庸な歯車と化してしまう。その結果、組織の全員がもたれあって、全体の「空気」はどうか、なるべく波風を立てないように、といった思惑に支配されれば、新たな難題を生む可能性がある原因の究明や、将来の影響への考察を避け、安易に「落としどころ」を探り、「玉虫色の決着」や「先送り」といった事なかれ主義に陥るのは当然である。

近年の行政上の失敗、たとえば住専問題、北朝鮮による拉致、薬害エイズ、BSE問題等に対する不作為や、道路・港湾・ダムなど効果と効率が著しく低い公共投資を許した過大な需要予測、放漫な経営がもたらした特殊法人の累積赤字などは、行政機関にこの病が蔓延し、関係した公務員の洞察力、判断力等を抑圧し、事なかれ主義的対応に終始させた結果、傷を深くした問題といえる。

この病は政治やマスコミにも拡がる。無謀な太平洋戦争もバブルの熱に浮かされた過剰投資もこの病による無責任体制が招いたといっても過言ではない。

○組織に働く強い惰性

この病がもたらす最大の弊害は、組織に強い惰性が働くことである。それでなくても競争のない世界では現状を変えることに抵抗が強いが、関与するものが多ければ多いほど、互いに既得権をかばいあい、新しいアイデア、創意工夫が窒息させられるからである。

しかし、国際化、情報化、少子高齢化、環境問題の深刻化等に伴い、国民の価値観や行政に対する需要が大きく変化していく中で、行政だけが古い意識と行動様式から脱皮できず、改革に背を向け続ければ、国民とかけ離れて行くとともに、新たに生起してくる行政上の問題の解決能力を欠く結果となるのはやむを得ない。

公務員三従の教え

「組織内癒着症」の原因には、本書が取り上げている様々な病が絡み合っている。

行政の仕組みと社会経済の実態の間には常に落差と矛盾があり、公務員はそれを直視すればするほど、葛藤に苦しむことになる。しかし、その葛藤を克服するよりも、組織の大部分と共犯者になって、皆で渡れば怖くない式に惰性的運営や問題の先送りを決め込む方がはるかに楽である。

大きな葛藤の一つに政治との板ばさみがある。政治には、「無理へんに拳骨」のようなむき出しのエゴイズムがあって、絶対に公言できない論理で行政に圧力を加え、逆らった場合には、手ひどいしっぺ返しを食うことが少なくない。

そこで重宝する手段がホンネとタテマエの使い分けである。優秀な官僚とは、美しい言葉でタテマエを語り、泥にまみれたホンネを巧みに隠す能力に長けたものをいうが、無理に無理を重ねた使い分けを、誰にでも分かりやすい論理で説明することは不可能で、仲間うちの「空気」によって合意を得る方が有効なことはいうまでもない。

この病の最大の原因は、クニ、ムラ体制下の人事に基づく御恩・奉公関係である。行革をめぐる折衝過程で、個人的には改革側の論理に同意しながらも、公の場では絶対に省益を譲らない者が何と多かったことか。ほぼ生涯にわたってクニ・ムラの世話になる公務員達は、その言動が組織にどう評価され、その中の居心地にどうひびくかが片時も念頭を去らないようだ。重要な行政上の課題への対応に際して、国家、国民の利益や職業的良心よりも、組織全体の空気に敏感になり、自らの属しているクニやムラの利益を損なわないように、関係する政治家や先輩の顔を潰さないように、自分や周辺の人たちが責任を問われないようにと気を配っていれば、国民全体の利益や国の将来にはあえて目を背けるしかない。ましてや市井の国民に対する配慮など、心の片隅に刺さったトゲにすらならないようだ。

なお、なぜ責任ある地位についた者までが、部下や後輩たちの視線を気にし、自らの信念に基づく意思決定ができないのかを不思議に思われる向きがあるかも知れない。そのカギも人事にある。彼らが退官後、世話になるのは後輩である。渡り鳥と呼ばれるように、退官後もいくつかのポストを転々とする公務員もいる。その采配を振い、叙勲の面倒まで見てくれるのは後輩である。かくして、多くの公務員達は、若きにおいては上司に従い、老いては後輩に従い、生涯を通じて組織に従うという三従の教えを忠実に守っているのである。

「最良の指揮官は正しい命令をする者、次善の指揮官は誤った命令をする者、最悪の指揮官は命令をしない者」という軍隊の教訓があるが、右顧左眄《うこさべん》して問題を先送りしたり、周りの空気に流されて曖昧な妥協をする者は最悪の意思決定者といえよう。一般の行政は、軍事と異なって戦果も目に見えないし、戦死者も出ないが、国民に与える影響や後世にもたらされる損失は場合によってはもっと大きいかも知れない。そのような最悪の意思決定を生む「組織内癒着症」に関する最大の問題点は、その弊害が認識されないまま、行政組織内部を冒し続けていることで、第三部にあげた「責任感欠乏症」は、このような風潮によって重症化している。内外ともに、この病の重大性を認識することが必要である。

第5章 「官から民へ」「国から地方へ」 「構造的奇形」対策と処方箋

多数の頭と共通の下半身をもち、それぞれの頭が極度に発達して強い手足を支配している、しかし、感覚器と神経系統は弱く、意思決定のシステムにも問題があるので状況の変化に適応できない。わが国の行政の特徴はこんな姿にたとえられる。だから、ツボにはまった場合には非常に大きな力を発揮できるが、状況が変わると暴走したり、適切な行動ができなくなってしまう。

わが国は明治維新と第二次大戦後、二度にわたって欧米に追いつき追い越すために懸命の努力をし、奇跡と称されるほどの経済成長を実現した。同じ目標があったから、多くの頭の目指すベクトルは揃っていたし、強い手足は国民のリードに役立った。国民の価値観も概《おおむ》ね揃っていたから、センサーや神経系統の鈍さもさして大きな支障にはならなかった。

しかし、残念ながら時代は変わってしまった。もはや外にモデルとなる国もなく、内においても国民のニーズは極めて多様化してしまった。当然、怪獣も形と機能を変えなければならないはずなのに、既得権に引きずられ、状況への適応よりは、それぞれの頭、つまりクニ・ムラの利益を守ることが優先され、しぶとく生きながらえてしまった。第一部にとりあげた病状は、その結果生じたものである。

この種の奇形に基づく病状を改善していくためには、次のような手術を必要とする。

まず、真っ先に必要とされることは、国の行政の守備範囲の見直し、すなわち「官から民へ」「国から地方へ」という構造改革の推進である。社会経済の成熟に伴う国民のニーズの多様化、国際化・情報化の進展等、行政を取り巻く状況の変化の結果、もはや巨大な怪獣はその役割を終え、国民にとってはメリットよりもデメリットの方が大きくなり、必要性が乏しい存在になってしまったのである。

社会主義、計画経済の最大の欠陥は、国民のニーズが把握可能であり、これらを計画的に供給できると信じ込んだことといえるが、頭で考えた理念に基づいて手足を動かしていくという方法は、その失敗の二の舞になりかねない。行政は、国民のニーズを満たす、いいかえれば市場への適応という最も苦手な分野からできる限り手を引かなければならない。

どうしても民間に委ねることができない分野は地方に委ねることが次善になる。地方自治が民主主義の原点といわれるのは、国民の願望や思いが、割拠するクニ・ムラ等に妨げられることなく意思決定者に届きやすくなることと、多様化した国民のニーズに応えるべき施策の形成や意思決定が、杓子定規で硬直化、画一化しがちな理念や制度によるタテ割り体制に代えて、総合判断によって行い得るからである。今日の行政の大部分を占めるサービス業的部分は勿論、公権力の行使、所得の再配分、公共財の提供など、行政固有の部分も、より顧客に密着している地方に委ねた方がいい結果が生まれることは間違いない。地方行政においても、事業の独占、権力の魔力、政治の悪影響から逃れることはできないが、住民の身近なところで施策が立案、運用されることによって、カネやヒトの流れ、負担と受益の関係などが透明になり、悪影響が緩和されるはずである。

次の課題は、行政に関する考え方、理念の再構築である。行政は歴史的には権力の補佐役として発達してきたから、その理論もこの分野を中心に形成されてきた。厳格な事務手続とか、公平無私の原則等は、国民の権利を制限したり義務を課すような行為に適用すべきことは疑いない。しかし、今日の行政は、公権力の行使というよりは、むしろサービス業的な部分が多くなっており、厳格な手続や公平性よりも、むしろ、サービス水準の高さや、効果、効率、経済性等を指導原理とすべきである。行政に対する批判も、細かな手続のミスや不整合を咎めるよりも、大きな失敗の結果責任を明らかにするとともに、欠陥や判断ミスをどのように将来の改善にフィードバックして行くかを中心に論ずべきであろう。

その上で、クニ・ムラによる割拠体制にメスを入れなければならない。これは、先年行われた中央省庁の再編のような内容を意味するものではない。省庁を統合しても、局等のムラは温存されたし、新しい省も、人事だけは別々の系列で行われている等、クニの連合体という性格になってしまうからである。

クニ・ムラ体制の改革に必要なことは、機構いじりではなく、その原因になっている人事による御恩・奉公システムという病根を取り除くため、公務員制度と省庁内の意思決定構造を是正することである。

もう一つの重要な処方は、クニ・ムラ体制の弊害をさらに増幅している「組織内癒着症」を改善するための、権限と責任の明確化である。個々の職員が自らの責任で職務を遂行するという習慣がなく、部下は上司に盲従し、上司は部下の判断に依存し、そろいも揃って組織内の空気を気にしているのでは、無責任な意思決定しかできないし、五感・神経の機能を鈍らせてしまう。

そのためには、権限系統の簡素化が必要である。もともと役所にはポストの種類が多過ぎる。近年、行政改革の一環として、しばしば部局、課室の削減が行われたが、これは、役人いじめには有効であっても行政の合理化には逆行している。削減された局長、課長等のポストは審議官や企画官等に振り替えられ、意思決定の階梯を一層複雑にしているからである。むしろ必要なことは、中二階や課長補佐などタテに並ぶ複雑な職位の削減、つまりフラット化による定員の削減と権限系統の簡素化である。

「五感・神経障害」には、第二部に述べる「知的発育不全」の影も見えるが、これらには「知」への過信が影響している。残念ながら、知は万能ではない。新しい知が社会に共有されるまでには数十年のタイムラグがあり、その間、陳腐化した知が既得権集団を支え、社会の発展を阻害する。変化の激しい時代においては、既成の知に頼るだけでなく、小さな兆候からその底に隠された大きな動きを推測していく能力、いいかえれば知識に代わる感受性と洞察力が必要なのである。

制度的な改善策としては、行政のアドボカシー機能の導入も有力な処方である。わが国の行政の大きな欠陥は、完全主義思想に基づいて構築され、常に現実を振り返ったり、国民の声やアイデアを汲み上げて修正していこうという仕組みが乏しいことである。

近年、行政評価機能についても充実が目指されているが、理念としての目的、目標の達成を基準に減点法で採点されるのではなく、現場サイド、国民の目線から見た情報のフィードバックと運営の改善に重点を置く必要がある。

以上の課題のうち、「行政の守備範囲の見直し」、「行政の理念の再構築」、「クニ・ムラ割拠体制の打破」、「組織内癒着の改善」は、第一部にあげた諸病の対策にとどまらず、すべての病理の構造的、潜在的原因になっているので、これらの具体策については、最終章「私の行政改革論」(以下「私の行革論」という)において、さらに詳細に論じることとしたい。

第二部　知的発育不全

霞ヶ関の官僚の中には、自分達はエリートだという自負をもっている者が多い。その根拠は、有名大学を優秀な成績で卒業したとか、難関の公務員試験を高い順位で突破したということにあるらしい。民間人の中にも学生時代に彼らに頭が上がらなかったというトラウマをもつものがいて、必要以上にへりくだっていることも、彼らを増長させているようだ。しかし、そういう過去の栄光と彼らが行ってきた事績の間にはあまり有意な関係は認めにくく、むしろ、どう見ても能力不足、知的発育不全と思わざるを得ない面も目立つ。それらを病とみなし、分析を進めて見よう。

第1章　本当は無能な偏差値優等生　知的虚弱体質

失敗の原因は官僚の無能力

行政官・官僚は無能力だと指摘すると、一般には、末端の現場において行われている国民の感覚からズレた、形式的、硬直的運用を指していると受け取られるようだ。しかし、それればかりでなく、この無能力は上から下まで、官僚機構そのものを覆い尽くし、行政の重大な失敗の原因となっている。

たとえば、貴重な財源を浪費しながら環境を破壊し続けている公共事業、国民の信頼を失った年金制度、判断ミスの連続で泥沼に陥った金融行政、生活や経済活動の足かせになっている過剰な規制、返済のメドが立たない累積債務等々、行政が招いた重大な失態は数知れない。これらの原因は、これまで、官僚の無責任さと、政業官の癒着によるものと考えられてきた。この分析は誤りではないが、その底に横たわっている知的虚弱、無能力という病も見逃されてはならない。

行政官、特に霞ヶ関の官僚は自尊心が強いので、こういう指摘は心外と受け取られるかも知れない。しかし、その自負と現実に求められている能力の間には大きなギャップがあり、しかもそのギャップは生まれるべくして生まれてきたといえる。彼らの自信の源泉は、競争率の高いお受験や公務員試験を勝ち抜いて来たことにあるようだが、試された内容は、機械的な記憶力や状況に巧みに適応する能力に過ぎなかったからである。

また、公務員となった後も、世間とは隔絶された特殊な世界の中で、目前の課題への献身やその場しのぎの処世術を学んでいくだけで、本質的な能力を磨く機会に恵まれているとはいえない。その結果出来上がった「愚か者でも出世して行く」という状況が放置されていることは適当ではない。

現実を見ずに進められる数々の施策

まず、どんな能力が欠けているのかを考察して見よう。最大の欠陥は、現実を見ようとする意欲が乏しく、かつ見る目がないことと、常識的な判断力に欠けることである。内閣から各省庁、在外公館に至るまで、自分の目や足で稼ぐ調査機能が軽んじられ、マスコミとクチコミが主要な情報源とされているが、そのマスコミはお役所の発表やリークに頼っているのだから、この悪循環は滑稽である。外務省の機密費をめぐっては、仲間内の飲み食いや個人的にネコババされたことが問題とされたが、この金が有効に用いられず表面的な情報の収集しか行われていないことが批判されなかったことは、国民も諦めているということなのだろうか。

行政が担当している仕事のうち、特に近年ウェイトが増している福祉、教育、医療等にかかわる分野は、大部分が対個人サービス業といえる内容である。にもかかわらず、顧客である国民の個別的で多様なニーズや、地方で起っている様々な動きが把握されず、観念的な一律・ワンパターンの施策が実施されれば、ニーズが満たせない一方、膨大なムダが垂れ流されるという二重の失敗を招く。

その典型例は、高齢者対策であろう。良く高齢化社会の解説には、生産年齢人口に支えられた高齢者が腰を曲げ杖を突いている絵が描かれていたが、初めから高齢者は心身にハンデがあり、貧乏人と決めつける考え方は、人生五十年時代の固定観念が改まっていないからである。高齢者は健康面でも能力面でも個人差が極めて大きいし、経済的には恵まれた階層に属する者が多い。そういう実態に目を向けず、機械的に年齢で区切った施策を実施するから、敬老の日に市区役所が大臣や大会社の社長にまで僅かな祝を届けるようなことが行われていた。こんな笑い話はともかく、高齢者を雇用から締め出す代償として、年金、医療、税制等の面において過剰な優遇措置を講じるならば、ゆとりのある者、働く意思も能力もある者までを若い世代が面倒を見る結果を招き、高齢化社会に対応できないのは当然である。

筆者が六年間勤務していた国立大学も、学生のニーズや社会の動きにはあまり関心がなく、学問分野の縄張り争いを中心に、前例と既得権が幅をきかせている空恐ろしい世界だった。小中高校レベルの硬直的な管理教育とあいまって、若者達の意欲と創造性をスポイルし続け、夢と社会への信頼を失わせ続けていることは間違いない。医療の分野でも、画一的な保険制度が、薬漬けと過剰な検査、高額な差額ベッド、名義貸し、小児科医の不足等、様々な歪みを生みつつ、国民負担を増大させている。

治山治水や干拓等の大規模開発、高速道路、林道の建設等の大型公共事業は、膨大な財政支出を伴いつつ、効果が乏しく、自然環境や生活の基盤に悪影響を及ぼしているという点で、典型的な行政の失敗といえるが、その原因はコストや副作用は低めに、需給見通し、効果等は過大に見積もる行政の体質にある。年金については、設計を誤ったばかりでなく、資金の運用面でも失敗し、閣議決定に違反してハコモノを作りまくって欠損を加重し、国民の不信を増幅させた。金融行政のミスリードでとめどなく多額の公的資金が投入されたことに苛立った国民も少なくない。

e-Japan計画の下に、電子政府、電子自治体が推進されている。その方向は悪いことではないし、公共事業と違って環境破壊はもたらさず、システムのムダは目に見えないからあまり批判は生じていないが、国民のニーズや使い勝手、コストを無視して、ITゼネコンの主導でインフラの整備が急がれ、ほとんど使われないシステム開発が進められていく様は、まるで第二の公共事業である。情報処理業者の言い値で委託契約が結ばれているのも見苦しいが、その陰には「専門家」のいいなりになって、疑問さえもとうとしない官僚達がいる。

情報システムは、道路等と違ってメンテナンスの費用も高いから泥棒に追い銭になるが、この種の予算については、要求側も査定・審査側も内容が分からないから、主計局も会計検査院もチェックらしいチェックはしていない。もともと情報技術は、法律職や経済職の公務員試験には出題されないので、技術的な知識の不足はやむを得ないにしても、「こんなシステムを作っても使う者はいないはず」「この程度の仕事のために、高いコストをかける必要があるのか」「汎用ソフトでできるのではないか」といった、最低限の常識さえ働かないとすれば、やはり無能という他はない。

もう一つ行政が手をこまねいているのが地下経済と投機的資金取引である。近年の租税収入の低下の原因は、長期化した不況や企業等の租税回避行動に求められているが、経済のアングラ化も大きな寄与をしているのではないか。もともと、わが国は高度に発達した社会主義国家の観があるが、厳しい規制や所得の再配分を行っている国では、例外なくウラの世界が繁栄するものである。加えて、情報化、国際化の進展に伴う、ネット取引、SOHO、個人輸入など取引の新たな動向と、フーゾク、ニセブランド産業の発達や、不良債権、産業廃棄物の処理等に伴うヤミの世界の拡大が地下経済の振興に結びついていると思われる。一方、国際的な金融取引の分野では、九〇％以上が投機的な短期資金で占められ、実体経済を攪乱しているという。

これらの的確な把握やコントロールは困難かもしれないが、景気の分析や経済、金融、租税政策等をめぐる議論に際しては、ある程度、こういう動向も考慮に入れなければ、国民のための行政は実現できない。

実際、公務員達には金銭感覚に欠ける者が多過ぎる。

パーキンソンの法則といえば、「役人の数は仕事の量に関係なく増える」という第一法則だけが有名になっているが、実は他にも、瑣事《さじ》こだわりの法則、つまり「予算の審議に要する時間は、その支出金額に反比例する」等がある。今日の日本に引き直せば、何百万円、何千万円という無駄遣いについては厳しく咎められるが、何百億円、何千億円のレベルになると、誰も実感が湧かないからチェックが甘くなるという現象である。

公務員達も、こういう金額になると生活実感から遠く、絵空事になってしまうのではなかろうか。同様に、彼等は金利の圧力は経験したことがないから、その感覚はいつも血が凍る思いをしている零細企業の経営者に劣っているようで、直感的な複利計算ができない者も多い。

このように、観察力、洞察力、先見性などに問題がある官僚に、国と国民の将来にかかわる巨額なカネ、特に利息のついたカネを扱わせることは、とんでもない話なのである。

偏差値優等生の限界

この病の発生構造は単純である。いわゆる偏差値優等生が行政官に姿を変え、その文化が官界を支配しているためである。実際、官僚としてうまく世渡りして行くためには、優等生的な能力が役に立つので、両者の間には、かなりの類似点がある。

第一に、彼らは超現実主義者である。下らない勉強をして何になるかと疑問を抱いたり、制度に反抗する人間は入口で失格し、ガリ勉タイプの努力家か、下らないことは承知で、気分の切り替えが早い人間が勝ち残る。

第二は、状況判断が巧みなことである。受験に成功するコツは出題者の意図を察知し、上手に迎合することである。問題の本質、発見能力は棚上げして、求められる解決能力だけを磨くのである。官僚の仕事も同様で、まともに取り組んだら八幡の藪知らずに入りこみ、周囲との摩擦を増やしてしまう。自分の関心や価値観は棚上げにして、求められている役割を演じる方がうまくいく。

第三は、多彩な現実よりも虚構の論理を大事にすることである。テストの世界はすべて虚構であるから、自分の感覚が受け取った外界からのメッセージは不要であるし、場合によっては邪魔になる。官僚も頭の中で作られた既成概念だけに依存し、世の中の新しい動きを見ようともせずに、問題を処理しようとする。

第四は、細部の重視である。テストの得点は部分を積み重ねれば合格圏に達するので、大局観や一貫性は必要ない。官僚の仕事もこれに似て、担当している細部をうまくさばくことが大事である。誰の目にも分かる「部分」で失敗すれば命取りになるが、全体がうまく行かなくても誰も責任をとらなくて済むからである。

第五は、要領と演技力である。たとえば小論文では、どんな出題に遭遇しても、あらかじめ用意したいくつかの論旨のうちから適当なものを取り出し、マクラとオチで巧みに出題に迎合するという手がある。業界用語で「モナカ」という一種のイカサマであるが、採点者は案外だまされる。筆者の経験でも、ある年の採点で四十点をつけた答案に倍の八十点をつけた同僚がいた。「この人、出題に答えていないよ」と指摘したのに対し、「論文としては良く書けている」というのがその理由だった。受験生は採点側のレベルを見破っているのであろう。実はこの方式、官僚が得意とする国会におけるすれ違い答弁に良く似ている。質問とはかけ離れた答弁であっても、誠実に丁重にかつ説得力のある論理で答えれば、それほどブーイングはされないのである。

面接や集団討論も、初めから減点法による採点競技だと分かっているから、明朗に理路整然と、常識的な論法にちょっぴりワサビを利かせるなど、上手に演技をしたものが勝つ。間違っても短時間では説明困難なユニークな説に固執したり、むきになって反論したりしてはならないのであって、こういう身のこなし方も官僚に良く似ている。

公務員試験が、弊害の大きな大学入試と同工異曲になっている理由は、偏差値優等生こそ公務員として最適という信念に基づいているのか、大学教官を含む受験産業との癒着なのか、そもそも惰性的な手抜きなのかは良く分からないが、公務員となった後の人材育成の仕方にも問題がある。

彼等がどのような評価基準によって昇進して行くかを考察して見よう。係員、係長等の兵隊の時代には、努力や勤勉性が、総括補佐、課長といった中間管理職レベルになれば実績や指導力、統率力が、部局長以上の幹部になれば、内外の人望、信頼感、人間性等が重視されているように見える。組織に対する献身や折衝力などはいつも大きな要素になっているが、その対象が国や国民でなく、帰属するクニ、ムラであることは困ったことだ。そのほか、いわゆるひきや縁故、上司へのゴマすりが大事という話もある。多分、そういうこともあるのかも知れないが、民間に比べれば、少いように思われる。

これらの資質がマイナスだというつもりはないが、それらは、その瞬間瞬間には必要な能力だとしても、行政という長い航海を続ける船の舵取りのために十分なものとはいえない。とりわけ、国際化や情報化、技術進歩、カネ余りなど、社会経済の激動が未だかつてないスピードで進んでいる今日、目前の火の粉を払ったり、縄張り争いのために、遮眼帯《しやがんたい》をつけた競争馬のような無定量のモーレツ勤務を忠誠心の証しとしたり、狭い社会での仲間内での評価に憂き身をやつしているようでは、行政の進路をあるべき軌道から大きく逸脱させる結果を招く。

このような局部的な能力や組織に対する献身が重視される風潮は昔からあったが、筆者の観察によれば、先輩格の官僚の中には、自らの考え方にこだわり、なかなか自説を曲げない強者《つわもの》もまま存在した。具眼の士、信念の人、論客、アイデアマンといえる人ばかりでなく、変人、奇人の類も含まれていたが、それなりに、省庁内や政治家、業界人にも一目置かれ、結果的に組織の自浄作用として機能していたようにも思う。世代の変化によるサラリーマン化と、官高政低から政高官低への雰囲気の変化に伴って、そういう自由な言論まで萎《しぼ》んでしまったとすれば、能力の低下には歯止めがかからないのではなかろうか。

この病は、行政機関における現実の認識能力を低下させ、意思決定を歪め、自浄能力を奪う等、命取りにつながりかねない業病である。「私の行革論」で述べる開かれた行政の実現等によって、公務員を刺激し続ける仕組みを整備し、感受性と洞察力を回復させ、能力不足による誤った舵取りから抜け出すことは急務である。

第2章　能なき役人は法規をかざす　法規・前例依存症

行政は毎日が順法闘争

知的発育不全者が陥りやすい病が、「法規・前例依存症」である。こういうと、いやしくも行政に携わるものが、法規を守るのは当然という反論が聞こえてきそうだが、無反省にそう信じられている向きは、既に病膏肓《やまいこうこう》に入っているのかも知れない。

その昔、国鉄の労働組合等の戦術に順法闘争というものがあった。定められた法令・規則をきちんと守る。そうなると列車はダイヤ通り動かず、どんどん遅れてしまう。法規を守ることを労働争議の手段としたこの戦術は、守るべきことがらの軽重を見定めることがいかに重要かを教えてくれた。しかし、今日でも行政の現場では、バランス感覚を欠いた順法の強制が日常的に行われ、目に見えない社会のダイヤを狂わせているのではないか。何故、法規に盲従することが問題か、重症患者のために、その理由を説明しておこう。

まず、守るべき根拠、正当性である。法律は一応は国民の代表者で構成される国会の意思で制定される。立案過程では内閣レベルで審査され、他の法令との整合性や国民の常識、慣習との調和も、とにもかくにも図られている。しかし、各省庁が勝手に定めた規則や訓令、通達のレベルになると、法律による委任があったとしても、国民の意思は反映していないし、法規相互の調整も行われていない。しかも、運用の過程では、法律・政令を含め、クニやムラに都合の良い解釈が行われがちになる。一方、前例とは、現実に生じた問題にどのように対処して来たかの実例で、参考にはなるが、その際の背景を忘れて一人歩きすれば、弊害の方が大きくなる。いずれにしても、事務官僚達が彼らの縄張りごとに作った、目的も方法も異なる規則や前例に、国民ががんじがらめにされる構図は、正当性にも疑いがあるし、好ましくない。

次に、社会経済の変化がある。立案時には必要があった法規も、時代の波に洗われて陳腐化して行く運命には勝てず、新たな政策目的との間に矛盾を生じたり国民の慣習やモラルとだんだんかけ離れて行く。

また、国民のニーズが多様化しつつ変化している今日の行政は試行錯誤的に行われることも必要なのに、法規はそのようにできていないことが多い。成文法より慣習法を重んじるイギリスやアメリカ、変化に対応して小まめに法令を変えて行くドイツ、法令の美学は大事にするが、形式的な違反には目くじらを立てないラテン系の国々と違って、ホンネとタテマエの使い分けは御家芸のくせに、いざとなるとタテマエ論が幅を利かすわが国ではこのギャップは深刻である。

明治の官僚は、まだこんな病に冒されていなかったらしく、古文書をひもとくと、時にその気骨を感じることがある。どのように解釈しても、現実の要請と法令のギャップが埋められなかったような場合、そこで諦めてしまうのでなく、「然れども」と道理を説き、制度の方に欠陥があることを指摘し、法令に定めのない特例を実現させた例が良く見つかる。第二次大戦の際、リトアニアの領事だった杉原千畝が、本省からの訓令に反してユダヤ人に命のビザを発給し続けたのも、そうした流れを汲むものであろう。

近年では、そんな気風は薄れてしまった。たとえば、阪神・淡路大震災に際して、自衛隊は発生の直後から出動態勢を整えていながら、知事からの要請等の事務手続を尊重し過ぎたため、貴重な数時間を空費してしまった。検疫の手続をおもんばかって、救助犬の派遣等、外国からの災害救助の申し出を迅速に受けられなかったという話もある。そんな愚かな病によって、何百人、何千人もの人命が失われてしまったのではなかろうか。

末端に行くほど重くなる症状

この病の最大の問題点は、病という自覚がないことである。何故なら法規に基づく事務処理は、部分的に見ている限り、何ら問題がないように見える。しかも、多くの公務員は、担当する「部分」の完全を期するように訓練されてきた。より上位のポストに就いて、対立する価値観の狭間で悩む機会が来なければ、矛盾は国民にしわ寄せしておけば済むのである。だからこの病には、大局観を必要としない専門的分野や末端でかかりやすい。

その代表的な例は会計法規である。行政機関の支出は、あらかじめ組織別、費目別に細かく分けられた、いわば別々の財布に入れられている。個々の支出は決まった財布からしか出せないから、年度が進むにつれバラツキが出てくる。余った財布の金は年度末にムダ遣いされるし、足りなければ施策から手を抜くか、何らかのマネーロンダリングを行って必要な金を調達する。かつてはカラ出張がその有力な手段だったが、今はどうしているのだろう。

支出の手続も形式的でややこしく、ボールペン一本、書籍一冊を買うにも、事務職員の手をわずらわせ、長い時間と多くの書類を必要とする。百円ショップや古本屋で割安な商品を買う道も閉ざされている。公金は大事だから厳格に扱おうという発想が、ムダな事務を増やし、出入りの業者の利益に貢献している。

また、この病は、末端にいくほど蔓延《まんえん》し、顧客の立場が弱いほど重症に陥りやすい。行政機関の末端は、人里から隔絶した平家の落人部落のようなところが多く、都では廃れた古色蒼然たる文化が生きながらえているからである。

筆者は霞ヶ関から国の末端の機関である国立大学に移り、大きなカルチャーショックを体験した。規則や申し合わせの類がやたらに多く、何かと前例が尊重されていたからである。それらを盾にとって、時代の要請に合わせたカリキュラムの改正や地域との連携等にブレーキがかけられるし、単位を取得する順序を間違えたとか、卒論の提出が三十分遅れた等々の取るに足らない理由で、学生に卒業資格がないという論議が飛び出して来る。学則といえば、外国では、大学・教官側が守るべき事項、いいかえれば学生の権利を保障していることが多いのに、学生を規制している面が強いことも気になる。そういえば、スカートの丈や髪の毛の長さまで規制している、馬鹿馬鹿しい規則の見本は中学や高校の校則で、こんな世界で育ってきた学生達から覇気や創造性が失われるのはやむを得ない。まさに亡国を招く病である。

総務庁を退職し、大学へ来る前に短期間お世話になったＪＩＣＡ（現国際協力機構）も、特殊法人という僻地で、専門家や職員は硬直的な規則に悩まされていた。たとえば筆者はポーランドへ赴任した際、日本では入手できなかった業務に必要な書籍を、航空機を乗り換えるロンドンで購入しようとしたところ、乗り継ぎ地で用務を行うことは認められないから、着任後改めて出張してくれといわれた。典型的な時間とカネの無駄遣いである。また、夏休みを、相手側に合わせて八月にとろうとしたら、赴任後半年を経過していないという理由で秋に延ばされ、仕事の効率を損なった。支給された活動経費を使い残したところ、ややこしい返納手続に汗をかいた。

かつて、第二臨調で特殊法人の整理合理化に携わっていた際、外務省に、国が丸抱えしているＪＩＣＡが何故特殊法人なのかを尋ねたところ、人事や経理面で行政機関を縛っている規制から解放し、弾力的な経営を行わせるためと聞いた覚えがあるが、実際には国の機関以上にがんじがらめになっていた。ＯＤＡの現場では、様々なムダが行われているという指摘を良く聞くが、その原因の大半が形式的な事務手続にあることは疑いない。

霞ヶ関では、法規や前例に固執するものはそれほどいなかった。多分、そんな武器を持ち出したら、自らの論理や見識の貧困さを告白しているようで恥かしいのと、政治家から「そんな解釈しかできないのか」「そんな規則はすぐ変えろ」と一喝されるからであろう。

だから霞ヶ関の幹部は、国会や行革をめぐる折衝の場では、現場からの問題提起に対して柔軟な答弁をする。しかし、社長がその答に安心して帰っても、社員が役所の係長を訪れると、対応は以前と変わっていないということが良く起きる。法令と慣習がチグハグになっている道路交通法の運用をめぐって、警察庁の幹部が、危険性、悪質性、迷惑性を重点に取り締まると説明しても、現場では時として形式的な取締が行われているのも同じ流れである。

病にかかりやすい権威主義者と知的虚弱者

この病にはかかりやすい体質をもっているものがいる。その一は権威主義者である。ある種の人間は、他人に権限を行使して優越感を楽しむという本能をもつようだが、その虎の威として格好なものが法規である。教師の中には、年端も行かない児童や生徒を相手に権力を振いたいという潜在的な欲求をもつものが少なくないといわれるが、そう考えると、先生方の規則好きが理解できる。

その二は、知的な虚弱者である。社会的な常識と人間的な感性をもっていれば、業務の遂行に際して、現実との板ばさみに悩んだり、葛藤に苦しめられるのは当然だが、自らの見識に基づいて問題を提起したり、論理を再構築するのは大変なエネルギーが要るから、思考を停止して安易に法規・前例に依存してしまうのである。

こういう体質に磨きをかけているのがわが国の教育である。たとえば、大学入試、公務員試験などに見られる択一式の客観テストに馴らされると、世の中には一つだけ正解が存在し、残りの選択肢は誤りであるという、とんでもない観念が深く刷り込まれてしまう。

法学教育においても、法律の条文を記憶しあるべき論を振り回す、いわゆる解釈法学が主流を占めているように見える。本来、法律家とは、個別具体的な問題ごとに、バランスのとれた考え方と社会常識にしたがって、何が正義かを考える人間であることがどこかに忘れられている。

この病が既得権の甘い汁と深く結びついていることも見逃せない。まず、権力を行使する専門家の利益がある。意思決定に際して、常識や社会慣習が重んじられたのでは彼らの出番は少なくなるが、法規や前例が重んじられれば、その権威は増し、力は強くなる。いわば、法規と役人の関係はご神体と神官のようなものであり、彼らは自らの権威や職能を守るために、国民にもご神体を拝むことを強制するのである。

法規によって利益を得る産業の存在も無視できない。たとえば医師、弁護士等、各種の資格制度は、業務独占を伴うから、少しでも彼らの権益を損なうような行為が行われれば目くじらが立てられるし、規制が強くなればなるほど、それらを守らせるための産業、いわば順法幇助《ほうじょ》産業が育って行く。規則を振り回す法匪《ほうひ》たちは、正義の仮面に隠れながら、そうした産業の既得権を守るための走狗《そうく》となっているといっても過言ではない。

この病はかなり多くの公務員が冒されている上、自覚症状も乏しい難病である。また、冒されている部分が末端であって、中枢部にいる者たちはあまり影響を受けないから、放置しても直接命にかかわらない。

しかし、そうはいっても、この病は国民の覇気や創意を抑圧し、無駄な事務手続を強要し、行政に対する信頼性を失わせる等、多くの害毒を及ぼし続けているし、組織内部における感染力が強く、初めはやる気のあった公務員を次々に汚染し、その意欲とエネルギーを奪い、硬直的で無気力な部分的完全主義者と化してしまう。

典型的な生活習慣病であり、手術によって患部を切除するというわけには行かず、時間をかけて改善するほかないのがもどかしいが、この病にかかった公務員が、些細な規則や事務手続の順守を国民に押し付け、それに対するフラストレーションがたまった国民側が、今度は役所側の小さなミスや法規違反をとがめたて、マスコミがそれを煽るという悪循環を少しでも断ち切って行きたいものである。

第3章　行政の末端は未開の僻地　末端硬化症

国民に最も嫌われる二つの病

第三部で紹介する「腐敗体臭」と並んで国民に最も嫌われている病が、窓口等における硬直的な、あるいは無責任な対応である。霞ヶ関の官僚諸君は、薄給に耐えて日夜頑張っているのに、評判が悪く国民に信頼されていないことに不条理感をもっている者が多い。しかし、そのタネは君達がまいている。その一つは、君達自身も陥りかねない腐敗であるが、もう一つは、一部の部下達の人もなげな行状である。

腐敗は、怒りや陰口の対象にはなっても、被害者は特定されず納税者一般である。ところが、窓口などの対応による被害は、直接本人に降りかかるから、その怒りはすぐに沸騰点に達してしまう。民間が相手なら、二度とつきあわないといいたいところだが、業務を独占されているのでそうもいかない。やむを得ず嫌な思いを繰り返しているうちに、お役所やお役人に対する怒りと蔑《さげす》みが、埋もれ火のように心にわだかまってしまうのである。

窓口における料簡《りようけん》の狭い対応も、度を越せば、無能力という病であるが、その蔓延しているところにちなんで、「末端硬化症」と名づけて見た。かつてはこの病人を見たかったら、国鉄の駅か役場に行けといわれたものだった。ところが、市町村や駅ではバラッキがあるとはいえ、サービス精神が芽生え出した。取り残されているのは、国や都道府県及びその子会社的な法人や団体の末端である。

この病は、第2章にあげた「法規・前例依存症」のほか、第一部の「五感・神経障害」、第四部の「完全主義症候群」と密接な関係をもつ。いわば、それらの合併症といえよう。

横柄な態度とことなかれ主義

行政事務には様々な類型があるが、このうち定形的な事務に発生する症状は、不親切、硬直的、横柄な態度等である。もっとも、窓口事務は、サービス改善に対する世論の高まりの中で、表面的にはかなり良くなっているようで、昔のように、昼休みや終業時間前に店仕舞いするとか、お客さんを怒鳴りつけるといった応対は少なくなった。

しかし、目立たないところでは、あまり変わっていないという話も聞く。たとえば、ハコモノの管理である。国や地方、特殊法人等が作りまくった会館、ホールの類は全国にあふれているが、その利用率はあまり高くない。そのくせ一般住民は地域活動等のため、会合やイベントを開催する場所がないことを悩んでいる。このミスマッチの原因は、利用時間とか使い方をめぐる小うるさい規則や、形式的対応など、管理者本位の運営にあるようだ。使わせてやるという感覚が抜け切っていないのである。

客を客と思っていない点では、共済組合などにも似たところがある。筆者が大学を定年退職後、健康保険の任意継続を選択すると、在職中から扶養家族だった妻を扶養する理由を改めて聞かれた。「夫婦には扶養の義務があるため」などと書かせられるのはご愛嬌にしても、証明書まで添付しろという。市町村による納税証明書の発行件数は相当な数になっているが、大半がこんな形式的な用い方をされているとすれば呆れた話であるし、こんなことこそ住基ネットで対応すべきものである。それに、二言目には「資格を失う」という脅し文句が多かったが、恩に着せられるほど有難い資格ではなく、国保に切り替えたら、市役所の方がはるかに迅速、親切で、保険料も安かったのだからお笑い草である。

福祉や教育などの分野でも、弱い立場にある者は客として扱われておらず、陰湿で高飛車な応対が行われているらしい。特にいわゆる施設では、まるで刑務所のような管理が行われているところもあるという。大学などはそれに比べればましかもしれないが、管理者中心的な傾向は否めない。学生達は、初めから諦めているのか、後難を怖れてか、具体的な苦情はいわないが、特定の職員の頑《かたく》なな対応にはかなり不満があるようだった。

一般の許認可等に関する事務手続については、「申請負担軽減対策」「押印見直しガイドライン」（いずれも平成九年）などが定められているにもかかわらず、平成十四年の総務省行政評価局の報告書によれば、未だに不必要な記載事項や添付書類が求められたり、押印が強要されている例が多いという。

本人の証拠にハンコを押すという奇妙な習慣は明治年間から始まった。署名に代えて記名捺印という制度が採用された理由は、「欧米と異なり名前が書けない人がいるため」だった。百円ストアで売っている認印を本人の証明とするナンセンスぶりが、行政の末端では、なぜ生き残っているのだろうか。

個別性が強い非定型事務につきものの症状はちょっと異なる。ワンパターンの先例主義では対処できない場合、できるだけあいまいな対応に徹し、たらい回し、先送り、情報隠しといった、事なかれ主義が横行していることが多い。

そもそも行政上の意思決定には、関係者ごとに利害や価値観が異なるため、反対者が生じることも少なくないが、利権や思惑がからむだけでなく、建築確認のように、本来は民事として隣人同士で処理すべきことまで、行政が口を出していることもあるし、客観的なデメリットがなくても、あんな奴が受益するのは怪しからんという嫉妬や、有力者の顔がつぶれるからという理由にならない反対もある。顧客の要請に沿って手続を進めることは、その実現に力を貸すことを意味し、反対の弾丸に撃たれる危険性まで背負い込む結果を招く。普段は何も価値を生み出さなくても月給が保証されている身として、これほど損なことはない。だから責任を回避し、火中の栗を拾うことを避けようとするわけである。

行政不服審査法・行政手続法（条例）等は、このような行政の無責任さや行儀の悪さを治すための制度であるが、あまり活用されてはいない。制度自体もその有効性も国民に十分に理解されていないという問題もあるが、それよりも役所を相手にことを構えれば、江戸の仇を長崎で討たれるのではないかとおそれられているからであろう。

硬直的な対応や事なかれ主義がはびこる、お化け屋敷や巨大迷路のようなところで、効率的にモノゴトを進めようとすれば、蛇《じゃ》の道に通じた先達が必要になる。外国ではお役人に直接ワイロを摑ませて便宜を図ってもらうという手があるが、わが国では専門業者や政治家がその代行を行っている。一見、清潔に見えるが、顧客の負担はかえって高くついているかも知れない。

専門業者とは通関業者、司法書士、行政書士などであり、弁護士や弁理士などにもそのような機能がある。企業にとっては、アウトソーシングした方が経済的という計算もあろうが、たとえば市町村の合併に伴いやむを得ずに行う商業登記の変更のために、高額な代行料を負担させるのは褒めた話ではない。多分、行政側は、自分でやっても差し支えないというだろうが、分かりやすいマニュアルを整えず、業界用語の使用を強制したり、僅かなミスをあげつらうようなことがあれば、国民は二の足を踏んでしまう。かつては運転免許の取得や更新に際しても、些細なミスを指摘して代書屋の利用が推奨されていた時代があった。今日では、そういう風潮は陰をひそめ、それでも面倒臭い人だけが代書屋さんを利用している。他の行政も、少なくともこの水準までは改善すべきであろう。

一方、政治屋は、職務柄、トップから中間管理者まで顔なじみで、いろいろなカードをもっているから話をつけやすいし、同僚議員、業界などに顔が広く、多少の反対なら説得しやすい立場にあるから、仲介、代行屋としてははまり役といってよい。だから、口利きが横行する。しかし、いったんその筋の助けを借りれば、いつまでも「みかじめ料」を請求されるように、その代償はかなり高くつく。それに、政治屋は、硬直的で動きが鈍い行政を刺激するという機能を果たしているうちはいいが、やがて横車を押して無理を通すことまで業務範囲を拡大しがちである。その結果が第四部で述べる「予算過食症」などを生むという問題もある。

国民よりも保身や都合を優先

この病は、国民に直接接触する公務員等が、国民を顧客として扱わず、自分たちの都合や保身を優先させることに原因をもつ。しかし、経済原理から見れば、必要不可欠なサービスを独占的に供給している者が、最小限のコストとエネルギーで対応することは、水が低い方に流れるように当然の行動であり、「政府の失敗」の典型例である。

こういう分かり切った弊害の防止に役立つはずの仕組みは、しばしば、逆の方向で形成されている。たとえば、行政組織は厳格なタテ割りとなっているが、このため、たらい回しや消極的権限争議という弊害を生んだ。個別の作用法とは別に、所掌事務と権限を定めていた各省庁の設置法は、彼らが家父長的に民間の活動に関与し得るという考え方を生み、行政指導を流行らせただけでなく、恣意的な事務処理にも根拠を与えた。

法令に基づく行政も裏目に出ていることの一つである。公正で透明な行政を実現するためには、詳細な規則を制定し、厳格に運用すべきだという考え方があるが、実際は逆である。規則は厳格化し複雑化するほどクリアーするためのハードルが高くなり、政治家等の代行産業を発達させ、行政依存産業とお役人の立場を強化し、ついには彼らの既得権を守るために、一層の厳格化、複雑化が図られるという悪循環に陥る。

行政事務の効率化も悪いことではないが、その多くは、事務を分類しパターンごとに最適な処理を行うマニュアルを作るといった内容になっている。ところが顧客の方は、それぞれ個別の事情と思いを抱えているので、画一的な処理をしようとすれば、その間に大きなギャップが生じてしまう。行政はこういう顧客のために、別のバイパスを設け、そちらを走るものが多ければマニュアルを見直すべきなのに、それを怠っていることが多い。

第一部で指摘した「組織内癒着症」、すなわちタテの決裁系列の中で、各ポストの権限と責任が明確化されていない、いわゆる御神輿《おみこし》体制も問題点の一つである。もっとも、権限が委任されていても、上位の者が指導や干渉を行い、簡単にそれが許されるという土壌の中では、同じことになるかもしれないが、誰に責任があるか分からないという不透明な環境が、先送りや棚上げという風習を生んでいることは間違いない。

行政組織がまるで軍隊のように、将校と兵隊との二重構造になっていることも、この病の症状を悪化させている。直接、国民に接する機会が乏しいキャリア組は、もっと華やかな舞台で戦功をあげたり、他の役所との縄張り争いに勝ち抜くことに忙しく、下々の事務処理などには関心がなく、その一方で、名誉ある戦で手柄を立てる機会のない下士官や兵達は、その憂さを顧客に君臨することで晴らそうとするからである。

この病も、急激に命にかかわるといったものではないが、国民の活力と行政に対する信頼性を低下させ、国と国民を衰退に導く業病である。抜本的な対策である官の守備範囲の縮小という手術を進める一方、様々な対症療法を併用して、努めてその症状の緩和を図るべきである。

第4章　誤った優越感がもたらす悲喜劇　特権意識コンプレックス

公務員に独特の心の病

今日の行政は二つの面で強い批判にさらされている。その一つは施策の失敗で、前例や既得権に引きずられて効果が乏しい施策に固執し、国民のニーズに対応できないばかりか、財政赤字を垂れ流していることである。もう一つは公務員の行動で、横柄で高圧的な、あるいは慇懃《いんぎん》無礼な国民への接し方と、その裏に漂う、役得、つまみ食い、お手盛り、汚職などのおぞましい腐臭である。

いったい、どちらの罪が重いか。数字で比較するなら、国や国民に与える損害は圧倒的に前者からもたらされ、後者によるものは微々たるものだろう。しかし、人間は感情の動物で、妬《ねた》み、嫉《そね》み、やっかみに動かされているから、怒りはむしろ後者に向けられる。失政ではなかなか倒れない内閣がスキャンダルに弱いことと良く似ている。だから、公務員は施策の失敗ばかりでなく、こういう行動にも心しなければならない。

公務員の「あるまじき行動」は世間では欲得やモラルの問題と考えられ、公務員倫理法が制定された。しかし、筆者はそういう行動の底には、一種のコンプレックスともいうべき心の病があると考えている。これは、組織の病と異なり、その構成員である公務員個人がかかりやすい病である。

専門用語としてのコンプレックスとは、心の奥底で深く絡み合った観念や記憶の複合体で、「通常は幼児期の生活史を通じて形成され、苦痛、劣等感、羞恥心などをもっているので無意識化されていて、自我の統制に従わない情動的な力を奮う」（医歯薬出版株式会社『最新医学大事典』）とされている。つまり、人の心の底には、理性ではコントロールできないどろどろした情動があり、これが感情、態度、行動などに強い影響を及ぼしているわけである。

行政の世界は、外つまり民間や下部機関に対しては許認可権や補助金の配分権などを背景に優越的な地位を誇る一方、内においては階層的な上下関係があり、公務員は常にその双方を意識せざるを得ない。このような環境は、公務員になるまでの原体験とあいまって、独特な心の病を生みやすい。便宜上、これを「特権意識コンプレックス」と呼んで見よう。

これは、マザコンなどとともに日常用語になっているインフェリオリティ・コンプレックスに非常に近い。劣等感とは、単に他人より劣っていることをひがむだけでなく、より優れたものを求める志向についていけない自分を無意識のうちに責める情動であり、優越感と表裏をなしているからだ。

上にへりくだる者ほど下には尊大

一般に官僚・お役人に対してもたれている悪代官的なイメージ、すなわち、尊大、威張りんぼう、権威主義、高圧的、公私混同、つまみ食い、役得、汚職などは、この病がもたらす主要症状である。

公務員の皆が皆、こういう病にかかっているわけではない。ただ、白地にほんの少しでも墨が混じれば全体が汚れて見えるように、たとえ少数でもこんな患者がいれば、全体の印象が悪くなるのはやむを得ない。たとえば、かつて旧大蔵省の幹部の中に、各省庁の先輩格の相手に対して、ハダシの足を机の上に投げ出したまま応対する者がいた。水虫がかゆかったわけではなく、予算を配る俺様は偉いんだぞと誇示しているように見えた。もちろん大部分の大蔵官僚は紳士だったが、たとえ僅かでもそんな人間がいれば、全体の印象を損なう。汚職事件なども同様で、摘発されるのは氷山の一角といわれるが、仮にそうだとしても、悪事に手を染める人たちの合計も全体から見ればごく少数であって、大多数の公務員はまじめにつつましく生きているはずである。

このように、この患者の第一の特徴は、態度が大きく、相手を見下し、横柄な対応をすることである。これは、お役人の専売特許ではなく、弱い融資先に対する銀行員、下請企業に対する大企業の担当者など、上下関係がある場合には良く見られる光景である。

政治家と官僚、選挙民（業界人）の間には三すくみの関係があるといわれている。お互いにやっと顔を覚えている程度の議員先生と銀座で出会えば、選挙区民と思われてか、「よう君、元気か」と肩を抱いて握手するのに、国会内ですれ違えば、役人らしいと見当がつくためか、尊大な態度で会釈すらしない人がいた。

このように、相手によって態度が豹変するのが、この患者の特徴である。筆者の観察によれば、地位が上の者にへりくだっている者ほど、部下に対する当たりがきつい。上司に平身低頭していた先輩が、折衝の相手に接待の会食やゴルフを強要したり、おとなしくて、人当たりがいいと信じていた部下が弱い立場の者に居丈高になったり、露骨な脅しをすると聞いて驚いたことがある。

第二の特徴は、その名の通りの強い特権意識である。民間の人達の官尊民卑的な教育のせいもあるが、床の間を背に座るのを常と心得、真っ先にスピーチしなければ気が済まない。各省庁の同僚やその奥方が役得や中元・歳暮の多さを誇りあっていたという話は第一部第1章に書いた。役得といってもタダの券を貰ったり、各種の便宜を払ってもらう程度の他愛のないものが多かったようだが、おそらく彼らは損得の問題ではなく、特権意識を満足させられることが嬉しかったに違いない。それが嵩《こう》じてくると、相手からサービスを受けるのが当たり前という気分になってくる。元厚生事務次官の岡光序治《のぶはる》氏は『官僚転落』(広済堂出版)という著書の中で、業者から受け取った四千万円は賄賂ではなく借りたものだと説明している。その弁明を信じたとしても、そんな大金を担保もなしにポンと借りられて当たり前という感覚が怖い。

特権意識といえば、外交官も大時代的だ。外国との付き合いが多元化しているにもかかわらず、「特命全権大使」などという職名をつけるから、民間の人達に閣下と呼ばせるような感覚がいつまでも抜けない。外交官特権を利用して一方通行路を逆走したり、駐車禁止場所に平然と車を止めるような行動も品がないが、このような特権意識の延長線上に公私混同や公金の私物化が発生していることは間違いない。

第三の特徴は、激しい落ち込みである。個々の公務員がある程度上昇志向をもつことはやむを得ないが、組織はピラミッド型になっており、全員が出世するわけにはいかない。国家公務員特にキャリアの世界には、一般に想像されているような学閥とか情実はほとんどないように見えるが、それだけにエリートコースから外れれば、その責めは自分に向けられてしまう。

キャリア官僚に自殺者が多いのも、この病のためと考えれば説明がつく。仕事に行き詰まったり、昇進のルートから外れた場合、はた目から見ればなお恵まれた境遇にあるにもかかわらず、プライドと周囲の期待との板ばさみになり自らレールを外れてしまうのだろう。

もっと多い外れ方は、意欲を失い、仕事を投げてしまうというパターンである。公務員としての適性がないと悟ったり、出世を諦めてからは、斜めに構えてしまう者が少なくないが、とりわけ、突然肩を叩かれ、特殊法人の役員などへ転出を求められた者は、茫然自失して、意欲を失う者が多い。だから天下り先では何もしない。ふんぞり返って威張ったり、本省の指示に皮肉をいって部下を困らせたりする。かつて「植民地の悲劇は、本国から来た官僚に支配されることではなく、二流の官僚（あるいは意欲を失った官僚）に支配されることである」といわれたが、特殊法人等においても同様な弊害が起こっている。

世間が狭いキャリアと欲求不満のノンキャリア

この病には、公務員になるまでの体験と現在の生活環境という二つの構造的原因があるが、キャリアとノンキャリアではその現れ方が異なる。

まず、キャリアには、子どもの頃から公務員試験まで、いわば点取り虫として受験に明け暮れて来た。その長い期間を通じて味わい続けてきた、試験の点数つまり他人からの評価に基づく苦痛や快感、劣等感や優越感が心の中に深くわだかまっていても不思議ではない。

しかも、通常であれば成人するにつれ、広く多様な世界を知り、様々な喜怒哀楽と愛憎を経験しながら新たな人格が形成されていくはずのところ、生息環境が悲惨である。まず、受験戦争の勝利者だったはずなのに、公務員の給与は超悪平等なので、民間の同級生に比べてかなり低いことがプライドを傷つける。また、行政という社会では、形式的な序列が明確で、昇進パターンがある程度公知になっているから、否が応でも自らに対する評価を意識させられる。さらに、閉鎖的な人事集団に属し、言動や価値観が似ている同僚や業界人に囲まれ、伝統的に勤務時間が長く、場合によっては週末まで仕事に拘束されているから、いつまでたっても世間が狭く、コンプレックスから解放される機会がない。この型の罹患者の症状には、尊大、横柄型もあるが、むしろ特権意識、落ち込み型が多い。

次に、ノンキャリアである。国の行政機関を観察すれば、旧軍隊ほど明確ではないにしても、将校と兵隊に近い二重構造が認められよう。施策を立案したり、政治家や各省庁と応対するのが将校で、窓口で直接国民に接するのが兵隊というわけである。軍隊において実際の戦闘を取り仕切るのが百戦錬磨の鬼軍曹だったように、役所の日常のルーティン業務もいわゆる叩き上げの補佐・係長の経験や豪腕に委ねられていることが多い。

これら下士官たちの心情も複雑である。何しろ実務を支配しているのは彼らである。上司として迎えるキャリアの中には、彼らの気づかない政治や国民の雰囲気を察し、適切なアドバイスをしてくれる者もいるが、逆にボンクラで何もしない（できない）者も少なくない。そのくせ時期が来ればさっさとご栄転し、いつの間にか彼らの手が届かないポストにつき、高い退職金を貰って退職する。彼らと来たら、良くて課室長止まり、退職金の上でも差をつけられて、法人や団体の部課長に天下りして見れば、かつてのボンクラ上司が役員を務めているといった具合である。

こういう環境の中では欲求不満が嵩《こう》じるし、その矛先が立場の弱い者に向かったり、甘い汁を吸うことで補償を求める者も出てくる。対抗するすべのない国民は、その剣幕にひたすら恐れ入るしかないし、利にさとい業者はへつらいに弱い彼らの心理を巧みに利用して誘惑をする。だからこの形の患者の症状は、高圧、横柄型と特権満喫型が多い。

さらに、国の行政機関には、技官などの様々な人事上の区分があり、おのおの昇進ルートを異にしている。技官は一種採用であっても局長以上のポストは限られている等の実質的な差別があり、それぞれが特有のコンプレックスを生んでいることも間違いない。

こういう環境の中では、一定の確率で必ずこの病の患者が発生する。そしてこの患者の存在こそ行政に対するイメージと信頼を損なっているのである。

この病は、公務員の陥りやすい宿痾《しゅくあ》、業病であり、国民に不快な思いを抱かせるだけでなく、不正を誘発し、行政に対する信頼を損なう。ゆめゆめ軽視することなく、治療の途を探って行きたいものである。

第5章　採用方法と人材育成の見直し

「知的発育不全」対策と処方箋

行政は科学者の実験室ではないし、まして占星術や易学の小部屋でもない。だから複雑で難解な専門的知識に依存するのではなく、常識とバランス感覚によって運営されるべきものである。

こういう点から見ると、これまでの公務員の採用と育成には根本的な誤りがあったといわざるを得ない。公務員が知育と情操の面で発育不全になっているのは、本当に必要とする資質を棚上げにして、今日では必要性の薄れた、特別、特殊な才能のみを要求し続けたため、彼らが自分の使命を錯覚してしまったからである。

まず、公務員の選抜の方法は、それまでの大学入試等を含め諸悪の根源である。昔の旧帝大、高文（高等文官試験）の時代の試験は、競馬にたとえれば直線だけの勝負に近かったが、お受験から始まる今日は、スタートから全力疾走しているようなもので、馬なりで好位につけられる一部の者を別にすれば、皆疲れ切って人間として大事な部分が発育不全になってしまう。それに、コンピュータに任せればいい点が取れるような試験で好成績を収めたものが、現実の問題を発見し、解決していくための能力があるとも思えない。

官僚の多くはそんな偏差値優等生の成れの果てだから、第1章で指摘したように、その間には共通の欠陥がある。若い多感な時代に、様々な壁に突き当たって生き方に悩む代わりに、目前の入試に専念したような者は、行政に携わってからも、使命感と現実の矛盾に苦しむより、長いものに巻かれて、安易な解決を選ぶようになるのはやむを得ない。

また、彼らは処世術に関しては超現実主義者でありながら、社会の現実は顧みようとしない。テストの世界はすべて虚構で、ひたすら定説を信じなければ正解は得られない。学問とは疑うことから始まるはずなのに、信じる訓練だけを受け続けてきた。有名大学の学生が、なぜ怪しげな宗教団体の教義を信じるのかと不思議がられたが、彼等はマインドコントロールされる専門家でもある。だから国益に反してまで「クニ・ムラの論理」を信じ込んでいることとは見事につじつまが合っている。

元々その程度の存在なのに、彼らはエリートと呼ばれ甘やかされている。しかし、総合的な人間力に裏打ちされていない者は、難題に遭遇するたびに挫折し、優越感が屈折して劣等感に変わる。霞ヶ関にはそんな患者がゴロゴロしている。

晶文社の読書案内

『霞ヶ関の正体』の読者のために

この目録は2005年10月作製したものです。
定価は税込みです。これ以降、変更がある場合がありますのでご諒承ください。
目録掲載図書のご注文には、愛読者カードの表記の購読申込書が便利です。

★印は日本図書館協会選定図書
☆印は全国学校図書館協議会選定図書

晶文社
東京都千代田区外神田2-1-12
電話3255-4501
振替00160-8-62799
URL　http://www.shobunsha.co.jp

C・ダグラス・ラミス

憲法と戦争 ★

憲法第九条は死んだか？ 交戦権とはどんな権利か？ 国家はなぜ戦争をするのか？ 自衛隊はカンボジアに何をしに行ったか？ 「日の丸・君が代」強制の隠された意味とは？ 日米ガイドラインは何を目指しているのか？ 憲法と戦争をめぐる様々な問題を根源から問い直し、これからの「日本国憲法」を考えるために大きな示唆を与える本。

一八九〇円

C・ダグラス・ラミス

なぜアメリカはこんなに戦争をするのか ★

9・11からイラク戦争まで、アメリカと日本の行動の底流にあるものを的確にとらえる最新論集。アメリカの新しい帝国主義とはどんな帝国主義か？ 有事法制はどこと戦争するための法律なのか？ そして、憲法第九条は本当にあるのか？——新聞やテレビのニュースだけではわからない疑問に答える。

一四七〇円

斎藤貴男、沢田竜夫編著

「治安国家」拒否宣言

「共謀罪」とは何か。犯罪行為が実際になくても、相談・話し合っただけで最高懲役5年の罪になるというもの。その法案が成立すれば、人々への監視・管理が強化され、密告が奨励されるゆるやかな恐怖社会が到来するだろう——。一線で活躍する弁護士、ジャーナリスト、研究者、社会運動家が問題点を明確にする。

一七八五円

高橋哲哉、斎藤貴男

平和と平等をあきらめない ★

現在、強者の論理がまかり通っている。人が人を見下すことが日常化しなければ、戦争はできない。不平等が拡大した階層社会と、自国を疑わない愛国心が整ったとき、戦争は遠くないだろう。自衛隊がイラクに派遣され、憲法改正が迫る現状をどう見るか。平和と平等の理想はどこへ行ってしまうのか。哲学者とジャーナリストの渾身対論。

一四七〇円

高橋哲哉

「心」と戦争 ★

この国では「戦争ができる国づくり」への動きが強まっている。しかし、いくら法律を完備しても戦争はできない。それを担う国民の「心」が求められている。教育基本法改正、道徳副教材『心のノート』、有事法制など、平和憲法離れが加速する時代の根底にあるものを分析した、いま生成する哲学。

一四七〇円

郵 便 は が き

料金受取人払

神田局承認

4695

差出有効期間
平成19年2月
28日まで
(切手不要)

101-8791

(受取人) 534

東京都千代田区
外神田2-1-12

晶文社行

◇購入申込書◇

ご注文がある場合にのみ
ご記入下さい。

■お近くの書店にご注文下さい。
■お近くに書店がない場合は、この申込書に
直接小社へお申込み下さい。
送料は代金引き換えで、冊数に関係なく
一回210円になります。
宅配ですので、電話番号は必ずご記入下さ

(書名) ¥ ( )部

(書名) ¥ ( )

(書名) ¥ ( )

ご氏名 ㊞ TEL.

ご住所 〒

晶文社刊行図書　購読申込書

■お近くの書店にご注文下さい。

■お近くに書店がない場合は、この申込書にて直接小社へお申込み下さい。代金引き換えの宅配で、お送りします。送料は冊数に関係なく一回210円になります。

■**未刊の書籍**につきましては**刊行次第送らせていただきます。**

書　　　名	税込定価	部　数
	円	部
	円	部
	円	部
	円	部

名前（フリガナ）　　　年齢（　　齢）／性別（男・女）

住所〒□□□-□□□□　電話（　　　　　　　　）

■宅配になりますので、**電話番号は必ずご記入下さい。**

■2点以上ご注文の場合、ご希望の方法に○をお付け下さい。

1. 揃ってから一括でお送りする。
2. 刊行次第順次お送りする。但し送料はその都度かかります。

荷宮和子

バリバリのハト派

——女子供カルチャー反戦論

『ベルサイユのばら』などの
の見直しが求められている。マンガ、手塚マンガ、宝塚の作品から平和・自由・平等を尊ぶ女子供文化のエッセンスをくみ取り、返す刀でイラク派遣、憲法改正論議などの危うい社会情勢を斬ってとる痛快反戦エッセイ。女子供文化の復興が日本を救う！

一六八〇円

森達也

世界はもっと豊かだし、人はもっと優しい ★

日本はオウムで、世界は9・11でむき出しになった。メディアの現場は「右へならえ」的思考停止状態に陥り、憎悪をかきたてられた市民は他社への想像力を衰退させる。世界レベルで広がる思考停止の輪に対抗するため、いま私たちにできることは何か？　気鋭のドキュメンタリー作家による、21世紀への希望を込めたノンフィクション・エッセイ。

一七八五円

木田元

闇屋になりそこねた哲学者 ★

満州での少年時代。江田島の海軍兵学校で原爆投下を目撃した日。焼け跡の東京でテキ屋の手先だったとき。はじめてハイデガーを読んだ頃のこと。波乱にみちた人生を縦横に軽妙に語る。日本を代表する哲学者の自伝のような本。「闇屋の闇は、人生の暗部ではなく、存在の明るさをきわだたせる装置なのだ」（朝日新聞・堀江敏幸氏評）

一六八〇円

木田元

哲学の横町 ★

哲学に横町あり。横町に哲学あり。——考える力を養うにはどうすればよいか。人はなぜ幸福を求めるのか。毎日の生活から生まれる小さな疑問から、はたまた、なぜ、ハイデガーの『存在と時間』はあれほど大きな影響力をもつことができたのか、という問いにいたるまで、哲学的思考の醍醐味を味わえる、読みごたえある最新エッセー集。

二三一〇円

佐高信

佐高流経済学入門 ★

——私の出発点

評論家生活も20年を超えた。この間、日本も世界も大きく変わり、今もまた変わろうとしている。そういう時代だからこそ評論家としての原点をゆっくりと見直してみたい。そんな思いから生まれたのが本書である。小学生との授業（NHKテレビ「課外授業」）。恩師・久野収とジャーナリズム。沖縄で語ったこと…。自分の思想の根を旅する一冊。

一九九五円

清田知則

絶望論

——〈知〉と物欲の不良債権処理

「終わりなき世界」で永遠に満たされない欲望を抱えて生きる我々が、よき生をまっとうするために残された選択肢こそ〈絶望〉である。フロイト＝ラカンの精神分析理論、現代思想の知見を使い、グローバリズム、テロリズムにまみれ爛熟する資本主義世界の欲望構造を分析する長篇文化政治評論。思想界の『堕落論』ともいうべき問題提起の書。

二五二〇円

島田裕巳

人を信じるということ ★

なぜ日本人は「人を信じる」ことができなくなってしまったのか。「信じる」ことにこだわり続けてきた宗教学者がこの問いに挑戦する。日本文化のなかでの「信じる」ことはどのように息づき、また変わってしまったのか。危機的な状況を、どうとらえ直し、乗り越えていったらいいのか。「信じるということ」を考えるための本。

一八九〇円

芹沢俊介

死のありか ★

誰にでもいやおうなく訪れる死をめぐっての葛藤や諦念、そして受容を、渥美清のがん、夏目漱石の大病、ダイアナ元皇太子妃の突然の死、マザー・テレサの死、妻を亡くした写真家アラーキーのその後……などから考察する。現実の事件や文学作品・映画の中に現れたさまざまな「死と向き合う人間」のありようを見つめた62編の断章。

二四一五円

芹沢俊介

「新しい家族」のつくり方 ★

いま、わたしたちの家族はどこに行こうとしているのか。家族という形に、この先、果たして未来や希望はあるのだろうか——。例えば、「できちゃった婚」が年間出産の25％になった(二〇〇〇年)。これは、愛とセックスの分離であり、そこから子どもへの愛は生まれるのだろうか、と。斬新な家族論を論じてきた著者による新・家族論。

一七八五円

菅谷昭

チェルノブイリ　いのちの記録 ★

ベラルーシの子どもたちに甲状腺ガンという被害をもたらしたチェルノブイリ原発事故。放射線に汚染された現地にひとり飛びこんだ菅谷昭医師の5年半にわたる活動をつぶさに記録した「いのちの日記」。「医師とベラルーシの人々の交流が紡ぎだす、希望と再生の物語がここには豊かに描かれている」

この病の患者を減らすためには公務員の選抜方法の改革が必要である。少なくとも、多様な現実から国民のニーズを汲み取っていく感受性とバランス感覚、新しい価値を作り出していこうという創造性、それに高い倫理性が問われる内容に変えなければならない。入口で適切な選抜を行っても、採用後、狭い官界で純粋培養したのでは人材は育たない。一所懸命仕事に取り組むことによって獲得できる能力も大事であるが、国民の視線で国民とともに考える感受性や、観察力、洞察力、大局観を養って行くことも不可欠である。画一的な思考に慣れ過ぎた頭を解放するとともに、狭い専門分野だけでなく、広い識見と情操を養うため、教養教育や住民との対話などを充実して行くことも有力な治療法である。

「人事」の改革も不可欠である。理想をいえば、開かれた行政の実現が最も望まれる。もともと、わが国の行政は、官民の間の人的交流が乏しいだけでなく、官の内部でさえ各省庁ごとにタテ割りの人事集団が割拠しているように閉鎖性が強く、様々な病の温床になっている。抜本的な方策としては「私の行革論」に述べるように、この構造自体を改め、人材の官民をまたがる流動性を増し、クニ・ムラという人事王国を壊していくことが必要である。近年、民間企業においては、実質的に終身雇用が崩壊しつつあるが、この傾向が行政機関にどのように及んでいくかがポイントである。この点に関連して、公務員の気骨を殺している年金や退職金制度の改善も必要である。現行の制度は、自らの信念を貫くため退職を余儀なくされた場合の個人的リスクが大き過ぎる。正直に告白すれば、筆者も三十代、四十代の中間管理者時代には、入省直後の独身時代や五十代になって審議官・局長という指定職(民間の重役クラスに当る。このポストに就けば、退職金の面で優遇される)に就任した後に比べれば、心の中のどこかに自分の足を引っ張るものを感じていた。

このような抜本的な改革は当面、実現困難と思われるが、とりあえず、改善すべき点はいくつかある。

まず、キャリアとノンキャリアとの旧軍隊的な二重構造や事務官と技官との差別は、国民のための行政にはふさわしくない。群馬県においては、人事異動の発令に際して、慣行になっていた事務吏員、技術吏員という肩書きを廃止したし、実際に、従来は事務吏員によって占められていた理事(他県の部長に相当する)ポストに技術職員が就いている。外務省改革などにおいても、キャリア制度の見直しに着手されているようだが、全中央省庁で、身分差別的な制度を、年次主義とともに廃止して欲しいものである。

先に行政は常識で運営すべきものと述べたが、専門的知識を必要とする分野もある。このため、一般行政は法律、経済専攻の事務系キャリアに、専門分野は土木、医学、薬学等の技術系キャリアに委ねられてきた。しかし、特定分野の行政を専門家集団に丸投げすることは、彼等の属するムラを強化する結果を招き、職員のモラルを低下させる。このジレンマを解決する手段としては、他分野の専門家の登用が考えられる。異業種の専門家が交流することは学問や産業の分野においてはある程度の成果を収めているが、行政においても積極的に取り組んでいく必要があろう。理想的には各行政の分野ごとに、専門家、他分野の専門家、行政のゼネラリスト、民間の出身者が配置されることが好ましいのではなかろうか。

また、これまでノンキャリアの専門領域とされてきた会計経理や人事、財産管理等の分野は、複雑で厳格なだけで実効的な意味の乏しい法令・規則でがんじがらめになっているが、これらを整理、廃止して、公務員をもっと創造性と個性が発揮できる仕事に従事させるべきである。わが国は、これから未曾有の労働力不足の時代を迎える。民間部門にまで犠牲を強いているつまらない繁文縟礼《はんぶんじょくれい》の見直しは急務である。

一方、公務員の悲劇は、有能な職員ほど次から次へと困難な仕事を担当させられ、仕事に追い回されているうちに幹部に昇進し、改めて自らや組織を醒めた目で見直したり、溜まった垢を落とす機会に恵まれていないことである。彼らを長時間労働から解放して、もっと家庭や地域で過ごす時間を増やすことも必要である。これによって気分転換が進み、根深いコンプレックスから解放されるとともに、国民の常識が理解できるという一石二鳥の効果が得られる。残業の原因の多くは、各省庁間の縄張り争いや船頭の多い集団的意思決定方式によるものだから、別の病の治療が必要であるが。

第二部にあげた諸病理への対症療法としては、しつけとカウンセリングを兼ねた新しい方式の教育訓練が必要である。国民からの苦情や意見・要望に耳を傾ければ、関係した公務員の言動に問題があることはすぐに分かる。それを諫《いさ》めると同時に彼らの鬱積した内心の不満に耳を傾ける機能が欲しい。本来は直属の上司が負うべき責務であろうが、彼らも同病である場合が多いので工夫が必要である。

「法規・前例依存症」や「末端硬化症」の治療のためには、「権限と責任の明確化」も不可欠である。組織においては、意思形成に関与する人間が多くなるほど、組織の惰性が強く働き、その内容が守旧的になる傾向がある。タテ割りの組織構造の改革までは難しいにしても、せめて意思形成過程を簡素化し、誰が権限と責任を委ねられているのかを明確にし、彼の感性と良識に出番を与えれば、これらの病はある程度克服できるはずである。変化の大きな今日においては、現状を変えないこと、前例を踏襲することの妥当性についても説明責任を求めるべきである。

その上で、トップは窓口にもっと関心をもつべきである。彼等は、政治家との協調、協力には気を遣う反面、直接国民を相手にする仕事は、配下の鬼軍曹たちに任せ過ぎてはいないだろうか。行政評価システムの整備、運営に際しても、何らかのモノサシを作って減点法で行うのではなく、国民のサイドからの評価を重視していくことが必要である。このためには、国民の声も聞き、その思いと行政運営が離ればなれにならないよう努めることが大事である。広聴機能や行政苦情・救済機能への気配りのほか、優れた人材を現場に出し、直接顧客の相手をさせるような人事を行って欲しい。あいつは役に立たないから○○

委員会や○○事務所にでも出すかといった形で、行政における僻地を作らないようにすることが大事である。

電子行政の推進も有力な手段になる。情報産業を潤すための申請手続の電子化ばかりを急ぐのでなく、情報化を事務事業の合理化と顧客サービスの向上の手段と位置づければ、その可能性は意外に大きい。たとえば、複雑で素人に分かりにくい事務も、ハイパーテキスト風のマニュアルを整備したり、ネットを通じてデータベースの利用や専門家のアドバイスを借りることが可能になれば、顧客側の能力が向上し、代行産業の手を借りなくても済むようになる。また、意思決定に関与するもの全員に情報が素早く流通することにより、関係者の意見の集約が迅速になるし、このような過程がオープンになれば、透明性が確保され不明朗な力を排除できる。

行政手続と行政救済に関する制度の普及も応急措置としては有効である。これらの制度はあまり活用されておらず、相変らず、わけの分からない行政指導に悩まされている、言を左右にして届け出が受理されないといった苦情を耳にする。制度そのものが知られていないこともあるが、そういう正攻法よりも、政治家等の仲介産業を利用した方が効果が大きいと信じ込まれているからでもあろう。

公務員の「知的発育不全」を解消するためには、将来の公務員制度の抜本的な改革を視野に入れながら、まず、時代遅れであまりにも不合理な採用と人材育成の方法を見直さなければならない。

第三部　生活習慣病

行政の世界には市場も競争もない。国民は顧客のはずだが、提供するサービスが歓迎されていようといまいと、税金や保険料は法的に徴収が保障されているのだから、民間企業の大株主に相当する政治家の顔色さえうかがっていれば、あくせく努力する必要もない。そういうぬるま湯に浸ったような世界では、独特の習慣や生活態度が発達してしまう。それらが積もり積もって形成されたのが生活習慣病であり、いわば典型的な行政の病である。

第一、二部でとりあげた「省庁分裂症」「一家性腫瘍」「知的虚弱体質」「特権意識コンプレックス」等は、主として中央省庁、霞ヶ関レベルの病であるが、この病は地方の行政機関にも広がっている。

第1章　昔切腹、今頰かむり　責任感欠乏症

誰れもとらない失敗の責任

濃尾平野の西部、愛知、岐阜、三重県境に、木曾、長良、揖斐《いび》の三川が流れ、かつては混然と合流していた。長い堤防を築いて、三川を分流させ、地域を洪水から救ったのが、約二五〇年前、薩摩藩によって行われた宝暦治水である。

この工事は地元からも幕府からも高く評価されたが、難工事のため、多くの犠牲者を出し、当初十四、五万両と見積もられていた工費は約三倍の四十万両に及んだ。このため、総奉行平田靭負《ゆきえ》は、幕府の検分を終えた後、責任をとって自ら命を絶っている。

もともと、幕府には、治水目的の他に、外様《とざま》藩の弱体化という一石二鳥の狙いがあった

から、藩財政の疲弊はいわば当然の帰結だった。薩摩藩内には、返上論もあったが、家老として幕府との対立を避けようとした平田は率先して工事を引き受け、自ら総責任者となった。その時既に、彼にはこういう形でわが身を犠牲にする覚悟があったのではなかろうか。そして、そういう藩に対する思いが藩士を奮起させ、殖産興業による財政の再建を促し、後の雄藩の礎を築いたといえる。

この時代には、難しい政策や事業を担当した者が、目的は立派に成し遂げながら、派生した問題の責任をとって腹を切った例が少なくなかった。

それに比べ、今日の幹部公務員の対応ぶりは対照的である。年金制度はもとより、東京国際空港の開港の遅れ、諫早湾干拓、原子力船むつ、ハンセン病の隔離、薬害エイズ事件等々、明らかな政策の失敗や、成果の見えない事業のため予算をはるかに上回る公費を費やしながら、誰も責任をとろうとしないことに、国民は強い不信感を抱いている。

今日の行政は、因果関係が複雑で、懐妊期間も長く、原因と結果、努力と成果の関係が明らかでないことから、失敗が認識されても、当初の計画、途中の見直し、執行過程のどこに問題があったのか、誰に責任があるのかが分からないことが少なくない。しかし、だからこそ、幹部職員には、自らの役割を深く自覚し、厳格に身を処すことによって、組織の緊張感を高めて行く覚悟が求められる。そういう意味で責任感は、組織内において自浄作用を促すホルモンのような役割をもっているといえる。

本書でとりあげたように、今日の行政は、「省庁分裂症」や「一家性腫瘍」、「予算過食症」などにかかり、自らの属する王国、クニ・ムラには忠誠を尽くすものの、国や国民のためという意識が薄いため、「五感・神経障害」、「末端硬化症」、「臆病風邪」、「特権意識コンプレックス」、「腐敗体臭」等、様々な病に冒されているが、それの症状をさらに悪化させているのが、「責任感欠乏症」である

霞ヶ関は無責任集団

霞ヶ関に勤務していた頃を振り返ると、いつも目先の仕事にエネルギーを費やしていることに欲求不満があったことを思い出す。眼前の火の粉を払うことに精一杯で、遠い先々の話どころか、数年先の見通しを持ち出しても、その時になってから考えればいいと、問題を提起することさえ異端視される雰囲気があった。このままでは、そのうち問題が生じますよと議論を投げかけても、「その頃は、あなたも私もいませんよ」と正直な応答をする相手もいた。

政策の立案や予算をめぐる論議も企画に偏重していた。新しく始めようとすることがらについては、昼夜を分かたず熱心に論議されるが、施策の結果には関心が薄く、生みっぱなしの子供のような扱いだった。効果が上がらなかったら別の施策を用意すればいいとい

う安易な風潮の中では、ムダな事業を反省するという発想は乏しかった。

検査・監査制度や国会、マスコミなどによるチェックも、万人が納得する評価基準と確証がないため有効に働かず、法令や手続の些細な違反やミスがとがめられる一方、国家的損失や非効率の責任は、あまり追及されなかった。

市場原理が働かず、外部からのチェックも空洞化されている状況の中で、国と国民に対する責任感が欠けてしまえば、行政には自浄作用すら働らかず、惰性による暴走は止められない。


たとえば、今日、国民の関心が最も深い公的年金については、制度を所管している官僚に対して二つの大きな批判がある。その一つは、五年ごとに再計算するという仕組みがありながら、いつもその場しのぎに終始し、制度の持続がほとんど不可能になるまで構造的な矛盾を放置したことである。これに対しては、経済成長の鈍化や少子化の進行等が予測できなかったという弁解があるようだが、既に第二臨調では、二十年以上も前に、このままでは破綻すると指摘していたのである。指摘を真摯に受け止め、社会経済の動向を肌で感じとっていれば、誰でも気がつきそうな可能性が視野に入らなかったという説明は、先にあげた知的虚弱体質が重症の域に達していたとしても信じ難い。

もう一つは、積立金の私物化である。金融に関しては素人同然の官僚による資金運用の失敗に加えて、年金福祉施設等ハコモノの建設による浪費について、当時としては掛金を積み立てる人に対する恩恵が必要だったという弁明も白々しい。

筆者は第二臨調で特殊法人を担当していた。その際、気づいた最大の矛盾の一つが、公費を浪費しながら民業を圧迫しているリゾートホテルまがいのハコモノだった。官界OBで年金問題に詳しい大先輩の御意見を伺ったところ、これこそ「使用人のつまみ食いの類」と断言されたことにも力を得て、強く改善を促したところ、ある法人の理事長が「ハコモノはいかんなあ」と述懐された一幕もあった。その結果が、新規着工はしないという答申と閣議決定になったわけである。各省との折衝の結果、「原則として」「現在建設中のものを除いて」という文言の挿入を許したことは痛恨事で、その後も新規開業が進み、損失を加速させて行った。

多分、関係者は年金財政の規模に比べれば大した額ではないとうそぶくだろうが、国民が嫌うのはその姿勢である。

年金制度を発案した厚生省OBの花澤武夫氏は「厚生年金保険の歴史を回顧する座談会」において、「(厚生年金の掛け金は)何十兆円もあるのだから、……厚生年金保険基金とか財団とかいうものを作(れば)……厚生省の連中がOBになった時の勤め口に困らない。何千人だって大丈夫だ。」「年金を支給するには二十年もかかるのだから、(中略)すぐにでも団体を作って、政府のやる福祉施設を肩代わりする。……年金を払うのは先のことだから、今のうち、どんどん使ってしまって構わない。(中略)何しろ集まる金が雪ダルマみたいにどんどん大きくなって、将来みんなに支払う時に金が払えなくなったら賦課式にしてしまえばいいのだから、それまでの間にせっせと使ってしまえ」と正直に語っていたというが（岩瀬達哉『年金大崩壊』講談社、による）、ハコモノの建設には天下り先の確保という狙いがあったとすれば、これらはミスというより故意であり、責任感は意図的に棚上げされたといえる。

日本道路公団も同罪である。第二臨調では、短期間に百を超す特殊法人や認可法人をまな板の上に乗せたので、個々の法人に対する突っ込んだ改革案は検討できなかったが、それでも料金プール制による不採算道路の建設には強い疑問がもたれ、「過度の内部補助を抑制するため、三年以内に内部補助の適切な限界の在り方を明らかにする」と答申された。もしこの答申が尊重されていれば、二十年も経ってから、経営管理のために必要不可欠な財務諸表が存在しないなどといった無責任ぶりはあり得なかったはずである。

元建設省道路局長でもあった同公団の藤井前総裁は、民営化推進委員会の席上で、高速道路計画をめぐるご本人の責任を問われた際、「計画は、国の意思で決定したものであり、たまたまその時の局長が藤井某という人だったに過ぎない」といい放っているが、この発言は、局長という国家意思を分担する最高責任者ですら、自らを単なる歯車と見なし、結局、誰も責任を負うものがいないという「組織内癒着症」と「責任感欠乏症」の実態と弊害を見事に表した証言である。

国の予算を握っている大蔵省も無責任の極みのようなことをする。そもそも財政法によって禁止されている赤字国債に依存していること自体不見識な話であるが、建設国債といったところで、将来の経済効果に結びつかないことが明確な投資は限りなく赤字国債に近い。交付税特別会計のような整理特会に借金をさせ不足分に充当するような辻褄合わせも問題で、この借入金はこの十年の間に累積し、毎年度の一般会計からの繰入額の約二倍の三十八兆円に達し、交付税制度の存続を危うくしている。同様に、補助金で充当されるべき特殊法人の消費的経費を、財政投融資資金等から出資金という形で支出してきたことも、実質的には財政法違反ではなかろうか。

国、地方の累積債務に大きな寄与をしている公共事業や政策金融をめぐる無駄遣いの原因は、政治的な圧力に押されて作られたデタラメなデータや積算を誰もまじめにチェックしようとしなかったことから生じた。査定に際して有力な政治家の介入が予想される場合には、「物騒枠」などという隠語で呼ばれる隠し財源が用意されたこともある。誇り高かった大蔵官僚も、財政の効果や健全性の確保ではなく、有力な政治家に恩を売りつつ、査定を平穏に終わらせたいというところまで落ちぶれてしまったのである。

新規の大型事業には、とりあえず少額の調査費がつけられることがある。実現の可能性をチェックするためで、ゴーサインを出したわけではないと説明される。しかし、要求官庁や族議員、地域、業界等には、調査費がつけば本予算獲得のための外堀が埋められたという相場感があるため、大いに盛り上がり、本予算の査定もこの空気に大きな影響を受ける。調査費をつけた査定官は問題を先送りし、本予算の担当者は前任者に責任を転嫁し、両者とも良心の呵責を伴わずに、無責任な予算をつけることが可能になっているのである。

地方でも、似たようなことが行われている。公共事業の事後評価に携わっていると、治山治水や農道、林道、土地改良などをめぐって、費用ばかりかかって効果が乏しい事業によく出会う。中途半端な状況で中止を求めるわけにもいかないので継続という結論が出るが、これは本当はやるべきでなかったかも知れないがやむを得ないということであって、事業の採択が適切だったというお墨付きではない。説明のために、費用対便益の計算が行われているが、何としても一・〇以上にするため、無理な数値操作が行われている。様々な要因で当初計画に計上された費用が増えることはあっても、便益や効果が大きくなるはずはないので、知恵を絞って新たな便益が考案されるのであるが、林道の山火事防止効果だとか、道路の景観改善効果とか、噴飯《ふんぱん》ものも多い。にもかかわらず、似たようなムダな事業が次々に着手されているのは、失敗した事業の責任を誰もとっていないからである。

組織の失敗にはおとがめがない

わが国の行政に重い「責任感欠乏症」をもたらしている原因として、次の諸点を挙げることができる。

その一は、公務員が自らの所属するクニやムラへの帰属意識が高く、国や国民の方に顔を向けていないことである。国や国民の利益とクニ・ムラの利益は、みかけの上では良く似ていても、具体的な内容や目標に食い違いがあったり、タテマエとは別のところにホンネがあることが多い。当然、クニ・ムラの内部では、ホンネの実現が高く評価される。無法なテロリストでも彼らの集団の中では英雄になるように、縄張りの拡大や天下り先の確保等、クニやムラの利益に貢献した者は、たとえ国民や公共の利益には反しても、組織内では功労者となり、責任の追及などは考えられないのである。

その二は、政治の圧力に弱いことである。近年の政高官低の雰囲気の中で、公務員は専門家としての気概と自信を失い、安易に保身に走り、族議員のコンサルタントと化しているようだ。

その三は、「組織内癒着症」により、権限と責任の所在が不明確になっていることである。上役は法令によって部下達に権限が委任されている仕事に対しても、監督権に基づいて介入できる。部下達は、人事、予算、入省年次等による圧力のため、あまり抵抗しないことが多いが、問題が生じた場合、上司側は指導や助言をしただけで命令したわけではない、と責任を取るつもりは初めからないのである。

逆に、本来、権限を行使すべき立場にあるものが、部下に丸投げしている例も多い。前例主義で運営されるルーティン業務に良く見られる現象であるが、係員の起案したミスが、誰にもチェックされないまま、何十という印鑑が押され、最終決裁を終えることも稀ではない。

しかし、それよりも深刻な問題は、組織的な丸投げ、もたれあいである。たとえば、薬害エイズ事件に際しては、行政の不作為責任を問うため、当時の生物製剤課長が訴追された。しかし、同課長を有罪とした東京地裁の判決は、薬務局長など、被告の上司や部下の責任にも言及している。事件の底に省内における事務官と技官のすみわけに起因する相互不可侵的な丸投げ、もたれあい体質があったことは、間違いないだろう。

「組織内癒着症」は、大部屋で仕事をするというわが国特有の慣習によって罹患しやすくなり、幹部職員が短期間にクルクル変わることによって、より重症になっていく。さらに、行政改革による局や部・課の削減の結果、審議官や企画官、調査官といったスタッフ職が著しく増加したが、彼らはタテマエとは別に実際にはラインとして機能することが多く、事態を一層悪化させている。

その四は、責任の問い方の問題である。個人の責任に対しては、懲戒などの処分があるし、場合によっては刑罰が課せられる可能性もある。職務上の処分は表面的には軽く見えても、その後の任用や昇給、昇格、社会的信用に大きく影響するので、公務員の不正や非《ひ》違《い》に対しては、かなり大きな抑止力をもっている。

ところが、組織の失敗、不作為、非効率等については、制裁を科す手段がない。民間の法人なら罰金を課したり、業務の停止を命じることができるが、納税者や国民にしわ寄せするような処分をしても意味がない。社会保険庁の解体は、昔の藩のお家断絶に相当するが、それでも大部分の職員が浪人するわけでもなさそうだ。

当然、その組織の責任者の個人責任を問うしかないが、藤井前総裁のような認識をもっている者も多く、また、既に退職してしまった者の責任をどのように問うかと言う難問もある。かくして、行政においては、個人責任が問われかねない違法や手続きミスには辛く、政策のミスや非効率に甘いという不合理な結果を招きがちになる。

この病は、どこにでも見られる、ありふれた平凡な病ではあるが、行政機関と公務員の自浄作用を妨げ、諸種の病を悪化させる業病である。「私の行革論」に述べるような外科手術と根気の良い体質改善を併用し、是非とも克服していかなければならない。

第2章　誘惑に弱い公僕たち　腐敗体臭

腐臭も度を越せば病

体臭は誰れでももっているが、周りの者が鼻をつまんで逃げ出すほどになればれっきとした病といわざるを得ない。この病も国民が最も嫌うものである。

十年ほど前から、旧厚生事務次官の社会福祉法人との癒着による収賄事件や旧大蔵省幹部の政商や金融機関からの過剰接待事件、外務省室長による数億円に及ぶ機密費（内閣官房報償費）の詐取事件などが発覚し、大きな話題となった。地方でも宮城、茨城、徳島の県知事がゼネコンがからむ汚職事件を惹き起こしたし、その後も似たような不祥事で、毎年多数の市町村長が逮捕されている。行政の子会社的存在である各種法人や外郭団体は不祥事のデパートのように事件を起し続けているし、中央、地方を通じ官々接待、カラ出張などが次々と発覚した。

これらのうちあるものは刑法犯として処罰され、あるものは公務員法に基づく懲戒処分を受けた。この種の非行を防ぐため、公務員倫理法という不名誉な法律まで制定され、多くの地方公共団体でもこれに準じた措置が講じられた。その結果、不祥事はかなり減ったように見える。

しかし、非行や不適正経理はその後も頻発している。北海道を初めとする警察では、内部告発によって公費の不正流用が明るみに出たし、大阪市で職員に支出されていた諸手当は、一種の闇給与ではないかと顰蹙《ひんしゆく》を買った。平成十七年六月には、鉄橋をめぐる談合事件が発覚したが、その裏では民間企業に天下りした道路公団OBが大きな役割を果していた。また各省庁や子会社的法人では公金を用いた資料の作成に際し、職員に高い監修料が支払われていたことが次々に発覚した。

このように、お役人の世界には、事件になるならないは別として、何となくうさん臭い匂いが立ち込めているし、他にも役得や公私混同、その他組織の利益を追求するためのあの手この手の汚いやり方がある。これらは汚職や公金横領と同根同罪であり、そういう悪習を改めていかない限り、清潔で信頼される行政は実現できない。

行政の現場にいる者は、行政機関の行動を全体として評価しがちである。たとえば「税金・公費のムダ遣い」といった場合、不必要な公共事業やハコモノづくり、補助金のバラ撒き、年金の積立金の不適切な運用などが思い浮かべられ、それらに比べれば、公務員の非行による損失はさほど大きくないと、つい甘く見がちである。しかし、国民の眼はいささか観方が異なり、この種の非行こそ行政に対する大きな不信の源泉になっている。

公金横領、収賄、組織的非行

この病は大きく、直接、公金や公有財産を私物化する公金横領型と、業者や監督対象に何らかの便宜を図り、その見返りに金品の贈与や接待を受ける収賄型、及び組織全体がグルになって不当な利得を得る組織的非行型に分けることができる。

いずれの場合も、これらの事件は公務員個人が偶発的に犯した不始末ではなく、組織全体が冒されている病と思われる節があるが、その解明は容易ではない。何故なら、国や国民よりもクニやムラに忠誠心が強い環境の中では、悪事が露見した場合でも、一部の不心得者の個人的な非行として始末されたり、トップが形式的な監督責任を負うことによって組織を守ろうとする、いわゆるトカゲの尻尾切り、頭切り型の解決が行われることが多いからである。また、刑罰も懲戒処分も個人という患部に対する対症療法であって、組織的な非行を是正する体質改善に結びつける仕組みにはなっていない。

しかし、多くの場合、それぞれのクニ・ムラ内にかもし出されている、独特の雰囲気や価値観が国や国民全体に対する忠誠心を損ない、職員のモラルを麻痺させ、個人を非行に走らせている傾向があることは否定できない。それに、国の各省庁のように、官房による統制が強い世界では、何らかの内部的了解や黙認がない限り、慣習化した非行が見落とされるはずはないし、減点主義の風土で育ち、「臆病風邪」にかかりがちな公務員達は、周囲の皆がやっているという安心感がなければ不祥事を引き起こす勇気はないはずである。だから、本当の偶発的な個人非行は案外少なく、多くは、慣習化ないしは暗黙の了解という病根をもっていたのではなかろうか。また、外務省の機密費事件をめぐっては、詐取されたカネに群がっておこぼれを頂戴した多くのキャリアが存在したようだが、ノンキャリアの経理担当職員に危ない橋を渡らせ、幹部がその余沢にあずかっていた傾向はどこの省庁にも見られたようだ。

○公金横領型

外務省の機密費詐取事件が典型例である。これらの費目は、使途を公表すると国益を損なうという特別の事情があるため、領収証を会計検査院へ提出しなくてもいいことになっていたため、詐取は比較的容易に行えた。

行政の下請型法人や外郭団体等においては、長期間にわたって金銭管理を任されていた経理担当者が使い込みをする例が多い。たとえば青森県住宅供給公社で、二十年間経理を任されていた職員が、チリ人の女性に十四億円もの巨費を貢いだ事件が記憶に新しい。
一般の行政機関ではこのような事件は発生しづらい。厳格な事務手続を伴い、幾重にも関所があるため、途中で誰かがネコババすることは困難だからである。もっとも、この厳格な手続が両刃の剣となって様々な不正経理を誘発するが、その発生構造は別途分析しよう。

官々接待なども、公費の私物化という点からこの型に含められる。接待に名を借りて仲間で飲み食いしていた架空接待はその典型例である。

公物や公共財産の私物化・不正取得という手口もある。戦後の混乱期には、いわゆる隠匿物資、すなわち軍用その他公に属する物資を隠蔽し、密かに転売したり私物化して利益をむさぼる事件が頻発した。税金の物納などで国有財産になった土地や家屋を、職員や政治家にこっそりと安価に払い下げるようなことも行われていた。いずれも混乱期に流行した手法だったが、近年でもオープンな手続を経ないまま公有財産だったはずの土地や住宅を取得したのではないかと思わせる事例がないとはいえない。

公金・公物横領の小さな一歩は公私混同である。公務員もフレッシュマンの時代には、ボールペン一本、用紙一枚自宅に持ち帰ろうとせず、職場の電話を私的に用いることも遠慮していたはずである。しかし、職場に慣れるにつれて先輩が作った慣習に汚染され、だんだんけじめが曖昧になっていく。もちろん、あまりその区別を厳しくすれば、窮屈になって仕事がやりづらくなる。それに、国の行政機関では仕事に必要な道具立てが揃っておらず、業務用の名刺を始め新刊の書籍や便利な文具は職員個人が購入したものを用いざるを得ないという逆の公私混同も一般的だったから、一方に厳しくすればバランスを欠く。あれやこれやの原因で、けじめが緩みがちなところが問題なのである。

○収賄型

元県知事や旧厚生事務次官の収賄事件が典型例であるが、旧大蔵省の一連の過剰接待事件の結果、行過ぎた接待が収賄に該当することが明らかにされた。それまでの、現金さえ貰わなければ罪に問われないという相場観が覆ったわけである。

大型の事件の頻発から公務員の綱紀は近年とみに緩んだような錯覚があるが、そうではない。古川柳に「役人の子はにぎにぎを良く覚え」と詠まれていたように、この種の不祥事は最も古典的な公務員非行であった。

公務員倫理法がゴルフや宴会、プレゼント等を狙い撃ちにしているのは、それまで、夜の接待や接待ゴルフが習慣化していたからである。筆者が公務員住宅に住んでいた頃、平日、堂々と官用車にバッグを積ませてゴルフに行く隣人がいた。仕事で会った時にそれとなく指摘すると「今度一緒に行きましょう」と誘われ、皮肉が通じなかったこともある。盆暮れになると経済官庁や公共事業担当省庁の奥方はお中元やお歳暮の量を誇りあっていたが、宅配業者は、配達先が留守なら、荷物を近隣に預けていく。知ってか知らずか、預け先には検察庁、警察庁、総務庁等、役得よりも綱紀の維持に縁がある公務員の住宅も含まれていたのだから、皮肉な話だった。もっとも、中には自分の費用でせっせと送り返していた方もいたことをつけ加えておこう。

公私混同が公金・公物横領の第一歩であるように、役得を歓迎し、積極的に求める姿勢は収賄型非行の初期症状といえよう。役得という言葉は、本来は林野行政に従事するものが美味しい空気を吸えるとか、あまり品のいいたとえではないが、風呂屋の番台に座れば異性の裸が見られるといった、職務に伴う反射的利益をいうはずだったが、次第に、お役目ご苦労さんとばかりに、関係者から受ける様々な便宜や接待、プレゼント等を指すようにもなった。

公務員倫理法とこれに基づく指針によって、許される上限が決められ、公務員達も神経質になっているようだが、油断はならない。特定の業界を巡って、いわゆる政業官の癒着がある以上、何らかの形での便宜供与は妨げられないし、それでなくても、誘惑する方は一流のプロであり、かつ公務員側には様々な隙《すき》があるからである。

○組織非行型

組織というところは、それぞれが小さな閉ざされた空間になりがちである。とりわけ国の各省庁のように、原則として終身雇用で、同じ釜の飯を食い続けてきた者達が圧倒的に多数を占める上、様々な権限で武装されていれば、外部から隔絶した治外法権的な小宇宙になりがちで、そういう環境の中でご都合主義的な慣習やローカル・ルールがはびこって行く。

官製談合はその典型例である。わが国では、もともと民間企業側にも、血みどろの競争を行い相手を蹴落として行くよりも、仲良く順番に甘い汁を吸った方が得策という雰囲気がある。発注側の役所にも、予算を使い残したところでメリットがないし、単年度主義予算制度の下ではかえって面倒だから、予定価格ギリギリで落札された方が楽なのである。その上、工事完成後に発注側の設計のミスが明らかになったような場合、業者の負担で手直しをさせるようなことをするためにも、談合・癒着システムは便利なのである。

しかし、半ば慣習化しているといっても、陰謀は陰謀であるから、気心が知れた者どうしでことを運ぶ方がやりやすい。平成十七年に発覚した鉄橋をめぐる談合事件では、天下りした道路公団OBが取り仕切っていたといわれるが、そもそも民間企業はそういう機能を期待して天下りを受入れるのである。

同じ頃、経済産業省の企画官が、傘下の独立行政法人にからむウラガネを管理し、あろうことかこの金を用いて株式のインサイダー取引を行っていた事件が発覚した。無断で拝借した車で暴走したようなもので、二重の非行である。

また、社会保険庁では、保険料による書物、資料などの作成に際し、高い監修料が職員のポケットに入っていたり、雇用職業安定機構、資源エネルギー庁などでは、公金によって一冊数十万円にもつくような単価が高く、かつあまり価値のない資料が作成されていたことが明るみに出た。国民は、こうしたことは氷山の一角ではないかと考えているようだ。

非行に走る公務員の深層心理

目的としているものが、カネ、モノ、サービスなどであることから、これら不祥事に私利私欲が絡んでいることは間違いない。刑事裁判の判決も世間の噂もおおむねそういう見方をしている。しかし、これはあまりにも皮相な観察であり、多くのキャリア官僚が安月給を承知で官界を志した動機とも矛盾している。

筆者は、公金や公物をほしいままに支配し、贈与や供応などのサービスを満喫することに、ステータスとしての満足感を求めている傾向があることを、第二部の「特権意識コンプレックス」の一部として指摘した。

公務員という仕事は一般には黒子《くろこ》であり、手柄は表面に出ない。しかし、凡庸な人間は、自分の仕事や業績に対する評価によってささやかな自己満足を得るものである。公務員とて例外ではない。数々の役得や贈与、接待などは、自らの地位や業績に対する評価の証しとして喜ばれる感情があり、彼らを取り巻く業者等には、その思いを満たしてやることによって、何らかの利益を引き出そうとする勘定があるのではなかろうか。

個人的な思い出話になるが、筆者は意図的にそういう世界を避け、行政管理庁・総務庁というあまり役得に縁のない職場で公務員生活を過ごしてきた。しかし、たとえば行革をめぐる各省との折衝の正念場で、夜中に一～二キロの道程を（事務局には予算が全くないため）トボトボと歩いて帰る時など、空腹や疲労よりも、実質的な応援団がなく、そういう労苦を誰も評価してくれない境遇を情けなく思ったこともある。そんな時、タクシーを呼びましょう、夜食はどうしましたかと気を遣ってくれるのは、当面の敵方である各省庁だけだったが、そういう気持の隙間に誘惑が入り込む可能性は多分にあると想像する。

もう一つ、大きな役割を果たしてきたのがわが国の慣習である。まず、官民を問わず横行していた接待、贈答文化の影響が無視できない。贈答と宴席が生活習慣の一部になっているところでは、日常的な社交と区別がつきにくい。この種の問題を巡って世論が沸騰した直後には、決まって訪問先ではコーヒー一杯飲まないというカタブツのお役人が出現するが、人間関係がぎすぎすし、あまり良い結果は生まないようだ。

コミュニケーションが必要なら自腹で縄のれんでやれという議論もあったが、その頃は、ヤキトリ屋でもオデン屋でも、公務員の安月給では懐に響くほど高かった。近年、民間も含め接待文化は自粛の方向にあるようで、高い店ほど閑古鳥が鳴いているという。不景気、デフレのせいと嘆かれるが、歓迎すべき正常化でもある。

硬直的な予算会計制度も諸悪の根源の一つである。外務省の職員が機密費を流用した理由は、首相等が外遊する際、随行の職員は連絡や補佐のため同じホテルに泊まる必要があるが、規定により支出される宿泊料では到底足りないので、その差額を補塡するためだったという。公務のために必要な費用がこんな形でしか出せないやりかたはどこかおかしい。

ひと頃、世間を賑わしたカラ出張事件にも似たような原因がある。職務上必要な経費であっても、予算の不足や会計区分の違いから支出できないとか、やたらに時間がかかって急には間に合わないとか、様々な事情で、現場の担当者は苦労している。上部機関はそんなことにお構いなしに「手落ちがないよう」「ご如才《じょさい》なきよう」と指示するからである。

筆者自身もその昔、職員十七、八名の小さな出先機関の長を務めていた経験があるが、その交際費は年間（月間ではない）一万五千円しかなかった。いくら小さくても独立の所帯を張っていれば、それでは済まない。お世話になっている近隣から町内会費を取りに来る。組織としてお付き合いのある方が亡くなれば花輪や香典を出すのが世間の常識だ。退職する職員の再就職の依頼に手ぶらでは行かれない。自腹を切るか、無断移流用によるマネーロンダリングに頼るしか途はなかったのである。

出来高払い、実績主義の民間なら、自腹も自分に対する投資と考えられるが、給与は悪平等、昇進は横並びの公務の現場で、仕事熱心な者が懐まで痛める習慣は感心できないし、そうかといってロンダリングが行われれば、使途は問われず、チェックも行われないカネが出現することになり、当然、私物化される危険性が高くなる。

役所の予算というものは、直接、国民のために消費される部分には手厚く、自らが消費するいわば生活費は少な目に設定されていることが多い。見た目はきれいだが、どうしても無理がかかり、不透明な運営を生んでしまうのである。

権力のあるところ腐敗はつきまとう。これも一種の業という他はないが、皮肉なことに、国民に最も嫌われるのもこの病である。何しろ日常的な現象だけに、この病は法律や規則で治すわけにも行かない。「なんじの俸禄は民の汗と膏《あぶら》である」ということを自覚させるいわば公務員道とでもいう生き方を確立するとともに、政治家や業者ばかりでなく、一般住民と触れ合う機会を増やし、国民と共通の価値観が形成できるよう努める必要があるだろう。小学校の時代からいわゆるエリート校に通う、行き過ぎた進学競争は、正常な社会の形成を妨げているといえる。

国民も腐臭を嫌い清潔が好きであるとすれば、一貫してそういう価値観を保持して欲しい。ホンネの部分では権勢や役得に憧れ、事件になれば非難を浴びせるというのでは、モグラ叩きの繰り返しに終わり、この病の治癒は困難である。

この病は、命すなわち国の運命にかかわる可能性は少なく、自分でもあまり気づかれていないが、国民に最も嫌われ、許せないと考えられているのが、この病であることを忘れてはならない。

第3章　なぜ、お役人は嘘をつく　虚言・粉飾・隠匿癖

粉飾は官僚のお家芸

事実と異なることを平然と口にする者を虚言癖があるという。いわゆるウソつき、ホラ吹きの類である。

残念ながら、行政機関には、これに似た患者が少なくない。積極的にウソをつかないまでも、知っていることを隠す隠匿癖や、あいまいな表現で煙に巻いたり、都合の悪い部分を抽象化する、数値やデータを誇張するといった粉飾癖も同病である。なお、知っていなければならないはずのことを、あえて知ろうとせず、知らない、把握していないととぼけている無責任さは、行政官の義務という観点から見れば、隠すという背徳よりも一層悪質

な病といえよう。

行政の様々な病の底には、公務員の無能力もさることながら、「虚言・粉飾・隠匿癖」が横たわっていることが見逃せない。行政改革を妨げ、国の進路を誤らせているのがこの病である。

日本道路公団の改革をめぐる論議の過程で、公表された財務諸表が粉飾されたものでり、実際は債務超過に陥っているという内部告発があって波紋を呼んだが、さすがに一流の粉飾癖の持ち主というべきか、同公団は、改めて監査法人に依頼した検証についても、単に計算過程等は的確であるという検算報告を、財務諸表の信頼性が確保されたかのようにすり替えて説明し、公認会計士協会の顰蹙《ひんしゅく》を買った。

また、わが国の経済・金融再生の最大のガンであった金融機関の不良債権をめぐって、木村剛氏は著書『粉飾答弁』（アスキー社）の中で、この問題をめぐる国会答弁がいかに虚言と粉飾に満ちているかを克明に記録し論評されている。同氏も指摘しているが、第二次大戦中の旧日本軍の虚偽報告が友軍や大本営の作戦を誤らせたことと同様、こうした情報操作が官邸の対応に悪影響を与える一方、市場関係者が政府の説明を全く信用しなくなってしまったことが、問題の解決を一層長引かせたと考えられる。

一九九五年に発覚した大和銀行ニューヨーク支店における巨額損失も、事件の発生を知ってから、二ヶ月も隠しておいた同銀行と旧大蔵省の対応が米国社会では致命傷となった。

そのほか、住専、薬害エイズ事件なども情報隠しと深く結びついているし、大規模干拓やダム建設をめぐって各地で頻発している紛争も、その費用や効果、環境への影響等について、信頼性に欠けたデータに基づいて既成事実が進行していったことが住民の不信を増幅させたといえる。

情報を出し渋るお役所

お役所というところは、とかく情報を出し渋るところである。それどころか内部においてさえ、重要な情報は限られた者にしか伝えられていない。

これにはある程度やむを得ない部分もある。何故なら行政機関は、警察に対する暴力団などのように、行政目的を妨害しようとする勢力に囲まれていることが多いからである。だから、筆者は、行政情報は国民との共有財産であるというような書生論は振り回したくない。そもそも、情報はヒト、カネ、モノと並ぶ価値の源泉となる資源であり、本質的に共有に馴染まない面もある。しかし、先にあげたような事例は、国や国民のために秘匿が許されることがらではない。行政機関の目的を組織エゴイズムや業界の利益の擁護とすり替えてはならない。

ともあれ、行政機関には秘密が多い。筆者が現役の頃は、どこの役所にも、機密、極秘、秘、部外秘などといった何段階かの秘密文書があった。もっとも極秘などといっても、他愛のないことしか書かれていないものも多く、本当の秘密は文書化されていないか、個人的なメモにしか記載されていないのが一般だった。

もっとも、それらの情報は必ずしも厳格に管理されていたわけではない。国会の委員会では、資料を「出せ」、「存在しない」という押し問答が良く行われていたが、野党の先生方は、非公式に入手した資料をちらつかせながら要求していることが少なくなかった。

それでも、役所は資料提出要求にはなかなか応じない。筆者がまだ駆け出しの頃、ある野党議員の質問にぴったりの資料が刊行物に載っているのを見つけたことがあった。そのコピーをもっていこうとしたところ、上司から待ったがかけられた。こんな刊行物があることが分かったら、今後も読まれてより難しい質問が出るのではないかと心配して、わざわざその部分を手書きで写して持参するという小細工の片棒を担がされた。

この病による被害者の立場に立たされたことも再三ではない。永年、携わってきた行政監察や行政改革において、最も苦労したことが的確なデータの収集だったからである。個々の行政の実態や施策の効果は、担当機関でなければ分からない。ところが、彼等は厚化粧された文書しか出して来ない。当方には、立入調査権も資料の押収権もなかったから、押したり引いたり、なだめたりすかしたり、あの手この手でデータの入手を図るしかなかった。幸い、どこの組織にも、現状に矛盾を感じている職員はいるもので、そういう方々と目的意識の共有に成功することが最も有効だった。

しかし、この方法にも限界があった。協力相手からのデータの提供に喜んで、それらを基に議論を展開しようものなら、そのデータ自体が公式のものではないとして否定されてしまうのがオチだったし、そんなことをしたら、たちどころに協力者を失ってしまう。非公式に得たデータによって心証を形成し、正式に提供された資料や公開されているデータを駆使して立論を進めるしかなかった。

より大きな問題点は、クニやムラに被害が及びそうな場合には、事実を把握する努力さえ放棄されてしまうことである。たとえば、筆者は、第二臨調や行政監察を通じて、旧建設省に高速道路の路線別の収支等の資料を出すよう何度も要請したが、言を左右にされ、結局目的を達成できなかった。旧運輸省との間でも車検制度の存廃をめぐって議論を繰り返したが、安全上必要不可欠という彼等の主張が本当なら、車検後の経過月数別の事故率統計を作成して欲しいと何度もお願いしたが、全く無視された。

もう一つの彼等の得意技は、会議資料の直前配付である。審議会や懇談会等の審議に必要な重要資料が、前日、甚しい場合には当日配付されることがあるが、内容が膨大で複雑な場合、検討する時間的余裕がないので十分理解できず、一方的な説明を聞かされるほかない。それでも会議にかけられ、第三者の意見を聞いたことになる。委員達はこんな形で歪んだ意思決定の片棒をかつがされるのである。

このように、事実やデータを基に施策を立案し、チェックするのではなく、ありのままの現実さえ把握しようとしない、あるいは明らかにしようとしない体質が、行政を惰性に流し、国民との乖離《かいり》を招きながら、組織を腐らせていることは間違いない。

ウソに対する罪の意識

事実を曲げたり、隠し切ろうとする病の構造的原因は、組織エゴと保身のためといって間違いないが、その発症のプロセスを詳しく観察して見よう。

まず、人間には醜いものを隠したがる本能的な性がある。誰でも、他人に楽屋裏や押入を覗かれるのを嫌がるが、それは不都合なものを隠しているだけではなく、だらしない姿を人目にさらしたくないという動機も働いている。行政機関には楽屋裏のような部分はないが、何千人、何万人という生身の人間が関係しているだけに、犯罪とか法令違反には関係なくても、みっともないから見せたくないという状況が発生するのはやむを得ない。

第四部で取り上げる「完全主義症候群」という病が社会に蔓延していることがこの傾向に輪をかけている。もともと精神分析学的見地から考察すれば、ウソをつくことは、「完全性を裏切った自分自身の責任を他に転嫁するためである」といわれるくらいだから、完全主義に対する信仰が深ければ深いほど、ウソと情報隠しの発生頻度は高くなる。

これまでにも言及したが、硬直的な予算会計制度も大きな病巣の一つである。緊急な事態に対応するため、複雑で規制の強い正規の手続を経ずに予算を流用することは一概に非難できないが、完璧にできた制度をモノサシにする検査産業とマスコミにとっては、入れ食いの釣堀のようになっている。

いわゆるダブル・スタンダード、第四部（「多重人格障害」）でとりあげる法令と慣習とモラルのねじれがもう一つの大きな要因になる。この三つはなるべく一致していることが望ましいが、欧米と異なって、わが国はもともと八百万《やおよろず》の神を崇める多神教の世界に属しているから、国民の全てが共有できる規範は乏しく、むしろ義理人情を重んじる浪花節とか、三方一両損に代表される大岡裁きなど、非論理的ではあるがバランスがとれ、関係者の不満を最小にするような解決が歓迎されてきた傾向があった。こういう基盤の上に、西洋流の論理が導入されたから、倫理やモラルの裏打ちのない抽象的な正義や論理が大手を振るうようになってしまった。

これに加えて、各省庁を含めタテ割りのわが国の組織は、それぞれ独自の慣習やしきたりをもっているから、いわばクニ・ムラごとに法令の解釈や価値観、モラルも異なってしまった。わけても霞ヶ関と世間とのずれは極めて大きく、マスコミがしばしばこれを煽《あお》って見せる。

減点法による評価がこの病巣をさらに肥大化させる。人は誰でも褒められれば嬉しく、貶《けな》されれば落ち込む。不幸なことに、わが国の政治、行政をめぐっては、戦後の一党独裁体制の下で、真剣な政策論争よりも、政府のミスを追及することにエネルギーが費やされてきた。近年、若干改善されたとはいえ、国会の委員会審議などは、まさに揚げ足とり大会であった。

このような環境が、行政情報に関する「虚言・粉飾・隠匿癖」を蔓延させる。行政は大量現象であるし、法令、効率、効果、経済性、国民の満足など、ベクトルの異なる切り口で評価すれば、矛盾や欠陥のタネには事欠かない。つまり、情報は出せば出すほど、相手に攻撃の武器を与えてしまうことを意味しているからだ。

個人的な話になるが、筆者が小学生の頃は軍国主義華やかなりし時代で、そういう風潮に影響されたヒステリックな躾を受けた。毎夜、父が帰ってくると、神棚の前に正座させられ、日々わが身を三省せよという観点からその日の行状を報告させられたのである。

悪いことをしたといっても、命じられた手伝いをサボったとか、ちょっとした悪戯をしたなどの、笑い話で済むようなことだったが、その一つ一つについて、こっぴどく叱られた。しかし、自白せずに後で露見すれば、より大きな罰が待っていた。報告して叱責を受けるか、ばれた場合の鉄拳制裁を覚悟でシラを切り通すか、今風の言葉を使えば、毎日リスク管理をしていたことを覚えている。

今日の公務員や企業も似たような環境に置かれているのではなかろうか。原子力関係機関が良く小さなトラブルを隠すが、そのつど公表すれば、恐ろしげな専門用語が並ぶ世界だけに、世間に必要以上の不安を与えると、担当者がつい心配をしてしまうからではなかろうか。先年起こった原発の原子炉の隔壁（シュラウド）のひび割れをめぐる問題も、結局は安全性に支障はないとの結論だったようだが、最初から公表していたら大騒ぎにならなかったという保証はない。

このように分析してきたからといって、虚言癖や粉飾癖、隠匿癖を擁護していると誤解しないでいただきたい。筆者が強調したいのは、行政という世界には、法令と慣習とモラルの間にねじれがあり、しかも国民との間に大きなギャップがある。このハザマの中で、やむを得ずふるまっているうちに、ウソをつくといった、普遍的なモラルに反するような行為に対する罪の意識、後ろめたさが次第に麻痺し、虚言、隠匿の文化を生んでしまう。そして、このような文化を背景に、単なる組織エゴや既得権の擁護、責任の回避など、反社会的で、国と国民に大きな損害を与えるような重い病に陥ってしまうことこそ問題と指摘したいのである。

様々な治療法を併用して、この病の克服を図らなければ、国民はジャンク情報の洪水に溺れ、国政の舵取りも、不確かな海図を基に航行するように頼りなくなり、いずれは暗礁に乗り上げるか、目的地を遠く離れた海域で迷走するほかはなくなる。本格的な情報化時代を前に、少なくとも症状の緩和が目指されなければならない。

第4章　弱虫揃いの役人たち　臆病風邪

弱い生き物は群れを作って身を守る

軽い風邪と侮っても万病の始まりといわれることもある。臆病風邪もその類で、罹患すると他の病に対する抵抗力を弱め、その症状を重くし行政を歪めてしまう。

行政は巨大で複雑なシステムである上、放っておけば陳腐化し、社会経済のニーズとかけ離れて行く厄介な存在である。このため、このシリーズで取り上げた種々の病理現象が生じているわけであるが、多様な価値観をもつ様々な人々がかかわっているため、一定の原則や考え方に基づいて機械的に改革を進めていくことは必ずしも適切でない。

むしろ、一人一人の公務員、たとえば直接国民に接している窓口の職員、意思決定権を有する幹部、及び様々な形でその間に入っている中間管理者やスタッフ達が、自主的な判断に基づいて、現場から改善のためのアクションを起こして行くことが望ましいが、これを妨げているのが「臆病風邪」である。第一部「五感・神経障害」で、わが国の行政の最大の欠陥の一つがセンサーの弱さであると指摘したが、それは感知する能力の不足によるばかりではなく、問題を察知した職員が発信を自制しているケースが多い。「法規・前例依存症」、「完全主義症候群」、「組織内癒着症」なども、この病のためにより重い症状に陥っているといえる。

この風邪にかかりやすいのは、「保身」に汲々とした人達である。サラリーマン一般に良く見られる傾向であるが、多分、公務員の世界で最も流行している。退官の挨拶等に際して、誇らしげに「大過なく」を強調する人が多いことはその証拠である。

そんな公務員にとって、この風邪を病といわれることには抵抗感があるかも知れない。何故なら、彼らは正反対の教育訓練を受けてきた。自らの判断を優先することによって陥りやすい「軽率」が戒められる一方、「保身」と同義語に近い「慎重」が強調されてきたからである。筆者も、ある先輩から、行政というものは「小魚を煮詰めるように」行うべきだと指導されたことがある。もっとも、その先輩は退官に際して、自分は遠慮し過ぎて結局前向きなことはあまりできなかったと後悔まじりに述懐されたものだった。

一方、集団主義的な雰囲気の中では、個性的な行動は仲間からの疎外を招く。武器をもたない弱い動物は群を作って身を守る。群れから離れれば、すぐに天敵の餌食となる運命が待っているからである。裁判官と異なって身分保障のない行政官が右顧左眄《うこさべん》することは、制度的にも平仄《ひょうそく》が合っている。

しかし、そうはいっても、全体のための奉仕者のはずの公務員が、本来の義務よりも保身を優先させることは、軍人が戦場で逃げ回っているようなもので、戦いに勝てないばかりか、結果的には部隊の全滅を招く危険性も孕んでいる。一般行政においては、命を賭けるようなことは少ないにしても、一人一人に最善を尽くそうという気概がなければ、行政上の課題は解決せず、国民との間はますます離れ、公務は働き甲斐のない淋しい職務になってしまうだろう。

「三ズの川」を渡る公務員

この病は、若手のキャリアや野心的な幹部を除いて、かなり多くの公務員がかかっている。また、国の各省庁よりも、地方公共団体に目立つようだ。「三ズの川」という自嘲の言葉もある。休まず、遅れず、働かずという意味であるが、要するに自らリスクを負うことを避けるため、何もしない、長いものには巻かれろという行動がこの患者の特徴である。

国民の実情や行政に対するニーズ、あるいは施策の矛盾や問題点は、つかさつかさにいる公務員が最も熟知しているはずである。にもかかわらず、彼らは、上司を怖れ、部下に遠慮し、同僚に気兼ねし、なかなか個人的な意見を明らかにしない。病が嵩《こう》じて来ると、事実やそれに基づく推測すら報告をためらうようになる。患者のガンは、発見した医者の責任ではない。しかし、行政上の問題点は、しばしば第一発見者に後始末を委ねられることがあるし、そうでなくても、厭な報告は上司のご機嫌を損ねるものである。かくして、「臆病風邪」の吹くところ、組織に必要なホウレンソウ(報告・連絡・相談)すらとどこおる結果となり、必要な手当が後手後手に回りがちになる。

何でも前例に頼ろうとする傾向も、この病が加速している。前例にも当然欠陥や矛盾が含まれているが、何しろ「皆で渡った」結果である。責任があるとすれば、そういう例を作って踏襲してきた先輩達が負うべきで担当者のせいではない。そういう逃げ道がなければ、「先送り」「たらい回し」といった常套手段が用いられる。

長いものとは一般には強いもので、行政の現場では強きを助け弱きをくじくという行動に走りがちになる。一般住民の間にさえ、現場の職員と折衝する時は、理屈をいうよりも人事担当部課に告げ口するぞという脅しの方が有効だという話まで伝わっている。

こんな状況だから、政治家の介入に弱いことは当然である。重症患者はTPOをわきまえず「忖度《そんたく》」という行動を良くとる。相手の気持ちを推し量って良きに計らうことであるが、各種の団体が後援者や顧問にエライ人の名を連ねるのは、それだけで恐れ入ってくれる彼らの習性が利用されているのである。

外務省は元政務次官の鈴木宗男氏の過剰な介入を許してしまったが、アフガニスタン復興支援会議におけるNGO代表の出席拒否は、ご本人の発言ではなく、多分嫌がるだろうという外務省側の判断だったという。（今里義和『外務省「失敗」の本質』講談社現代新書）。外務省に限ったことではないが、役所側があまりにも唯々諾々と政治家の意向に従い、無理難題すら諫《いさ》めることができない体質は、政治家自体にも墓穴を掘らせているのではないか。

政治家との関係については、筆者にも語っておきたい経験がある。

突然、恩給局長を命じられた。恩給行政の経験は皆無だったが、局長の主たる仕事は政治家対策で、予算の増額をめぐる族議員の圧力をうまくさばけということだったらしい。

恩給団体は、医師会、農業団体と並ぶ三大圧力団体として勇名を馳せていた。かつては、内示に不満な団体が自民党本部を占拠して予算の編成を妨げたという事件もあった。

そういう歴史を背景に、恩給予算は、要求側と大蔵省が事務的に折衝するのでなく、自民党の関係幹部が政治的に決定するという変則的な慣行に委ねられていた。

しかし、お引き受けしてから筆者なりに分析してみると、恩給は戦後いったん廃止され、その後復活したものの、その水準は戦前をはるかに下回っていた。だから、昔の約束を果たせという主張には、いわば一理があった。しかし、相次ぐ制度改善によって、そのレベルは大きく改善され、他の年金制度とのバランスを図って行くことが大事という時代を迎えていた。そこで、そういう認識の下に団体の幹部や関係の政治家等と話し合うと、一部を除いてそれほど大きな抵抗はなかった。

残念ながら同意しない政治家達もいた。風が止まれば飛べないグライダーのように、彼等は常に団体を煽って新たな要求を行い、その実現のために骨を折らなければ選挙に勝てないからである。

そこで、様々な政策要求、予算の増額が提唱される。筋が通らない要求でも、同調者が増え、政治的に大きな動きとなってしまえば火は消せなくなる。そこで局長の仕事は、注意深くアンテナを張り、不穏な動きを察知したらすぐに駆けつけ、制度に対する誤解を解いたり、他の制度とのバランスを説くなど、初期消火に努めることだった。そうすると、局長というものは、受給者の利益を増大させることが役割で、動き方が逆ではないかという批判も受けたが、「公務員には担当する行政の対象者と、物言わぬ納税者の二人の神様がいます」と反論した。

一部の政治家が吹かす風がやまないので、大詰めの段階で、ある団体の会長でもあった派閥の領袖に二人きりでお話ししたいと申し入れた。勿論、それなりの覚悟はできている。そうすると、先輩や同僚が心配をし出したのである。「政治家に任せておけ」「そんな対応をするとどんな事態が起こるか心配だ」「少しは要求を聞いてあげたら」という類のものが多かった。大蔵省からも、もう少し政治家の顔を立てられないかと謎がかけられ、ノーと申し上げると「どちらが要求側で、どちらが査定側か分からない」と皮肉をいわれた。昔の記憶が必要以上に関係者をびびらせ、「臆病風邪」が吹きまくっていた。

幸いにも部下の諸君はサシでの談判に賛成してくれたし、当の会長も、さすがに大物の政治家らしく、当方の気持ちを読み取り、「俺は現職の局長が反対している要求をかつがされているのか」と驚いて見せ、俺の顔さえ立ててくれれば、後は君に任せるといってくれた。こんな経験から、「臆病風邪」にめげず、粘り強くかつ誠意をもって行動すれば、ある程度は筋が通った行政が行えるはずと信じている。

「せぬがよき」という行政文化

公務員の間に「臆病風邪」が蔓延するのは、二つの構造的な原因がある。その一は、各省庁、地方公共団体とも、人事を通じ独立の王国になっていることである。社会全体がタテ割り構造になっている中で、一つの組織において評判を落とせば、まるで村八分に処せられたようなもので、大変な不利益をこうむる。そういう意味で、組織の有形、無形の縛りは重たい。

とりわけその王国が異常な状態になっていれば問題は深刻である。たとえば旧ソ連や北朝鮮のような独裁国家の公務員に、人間として当たり前の行動が期待できるだろうか。

これは他人事ではない。栃木県鹿沼市で、廃棄物業者のいいなりにならなかった職員が殺された。その背景には組織ぐるみの癒着があったといわれているが、このような事件をきっかけに、「臆病風邪」がますます蔓延してしまうか、膿を出し切ることによって、忠実に職務を果たそうとして殺された小佐々氏のような職員が輩出することが期待できるか、今、行政機関は岐路に立たされている。

多分、大きな団体では、これほど露骨な癒着はないと信じたいが、真綿で首を締められるような雰囲気はないではないと考える。そんな王国内の居心地を優先する小心者が多いことに不思議はない。

その二は、第二部でも指摘した責任の問い方の問題である。まず、個人の責任は追及されるが、組織の責任は問われにくいという矛盾がある。個人責任に対しては、刑罰から懲戒処分まで、恐ろしげな仕掛けがいくつも用意されているし、昇進や昇給も目の前にぶら下げられたニンジンになっているが、行政機関は処罰する訳にもいかないし、悪口なら百年いわれても耐えられる。これでは皆で自らの個人責任の回避に汲々とし、組織としての責任が後回しになってしまうことはやむを得ない。

次に、作為、つまり何かをしたための責任は追及しやすいが、不作為、つまり何もしなかったための責任は問いにくいという非対称性がある。溺れている子供を見て見ぬふりをしてもお咎めはないが、助けようと飛び込んで怪我でもすれば自業自得といわれる。その際、大事な書類でも亡くせば、その責任はしっかり追及される。族議員のいいなりになって国家財政の膨張に一役買っても、政治が悪いで済まされてしまうが、それに抵抗して向こう傷を負っても誰も評価してくれない。こういう偏りが「せぬがよき」という行政文化を育て、公務員を保身に走らせてしまう。責任の所在、追及は、いずれも法技術的な問題であるが、国民やマスコミの頭も、それに引きずられる形で出来上がっていることが情けない。

この病は、弱い人間のやむを得ない性癖ではあるが、あらゆる行政の病理の源ともなっている。できる限り克服して、公務を国民のものとするとともに、魅力ある職場にしなければならない。

第5章　完全主義と減点法からの脱却

「生活習慣病」対策と処方箋

人は誰でも手柄は自分の力、失敗は他人のせいと考えたがるものである。だから組織の失敗にかかわる責任は負いたくない。小さな誘惑には弱いし、自分と家族の生活を守るため、その場しのぎのウソをついたり、臆病になったりする。こんなありふれた日常の風景が、つもり積もって行政の信頼を傷つけ、その効果と効率を損なってしまうのである。

こうした小さな誘惑に弱い気質は、公務員全体が倫理観とモラルを失い、なりふりかまわずクニ・ムラの利益を図ることを恥じない風潮に育てられてきた生活習慣病である。

先年施行された公務員倫理法は、汚職等の非行、腐敗を直接防ぐ特効薬として期待されている。確かに、法律の施行前後から、あからさまな過剰接待や贈答は激減したようだ。そういう点で、この薬にはかなりの速効性があったと評価できるかも知れない。

しかし、公務員が萎縮したとか、省庁間や民間とのコミュニケーションが悪くなったという副作用も報告されている。政治家からの招宴が規制されていない等、効かない患部があるともいわれているし、政業官の癒着や硬直的な予算会計制度、自腹を切る悪習等をそのままにして、ムチだけでこの病を押さえ切ることができるかどうか、はなはだ心もとないところもある。

蛇《じゃ》の道は蛇《へび》というが、誘惑する側の作戦は巧妙である。筆者が行政管理・改革に携わっていた頃も、不慣れな省庁は食事や宴会に誘いその席で陳情に及んでいたが、世慣れた省庁は平素から何くれとなく個人的なつき合いを深め、いざという時には説明と称して手ぶらでお願いに来たものだった。それぞれの省庁の業界との付き合い方がうかがわれて興味深かったが、こういうやり方なら収賄にも、倫理法違反にも問い難い。請託側に様々な魚心があり、役所側に制度的不合理やモラルの低下という水心があれば、形式的な法令の壁を破る手だてには事欠かない。それに、たとえ悪事に手を染めなくても、責任感が欠乏していたり、小心翼々として目前の課題から逃げ腰になっていたのでは、公務員のあり方として、とても及第点は与えられない。

大方の指摘の通り、この種の病は法令という治療薬を用いるよりも、モラルの確立という体質改善で対処すべきものである。今日のわが国では、華やかな地位につき、人の羨む暮らしをするものが、清貧、廉恥を旨とする者より高い評価を受けている傾向がある。今日ではなくなったかも知れないが、公務員の採用に際して、試験の合格者を役得や天下りの多さで勧誘したり、世間の側も余禄の多寡で役所のランク付けをするような習慣があったことはその証拠である。

他の業病と同様、これら生活習慣病の治療に関しても、公務員の良心と使命感に出番を与えるため、「クニ・ムラ体制からの脱却」と「権限と責任の明確化」が必要である。公務員の責任感の対象が国や国民ではなく、自分たちの所属しているクニやムラであるという現実を改善しない限り、根本の問題は解決しないからである。

より現実的な処方としては、人事ローテーションや硬直的な予算会計制度の改善があげられる。経理担当職員については、長い在任期間が不正を招くとして、その是正が課題とされてきたが、逆にキャリア職員等は一つのポストにおける在任期間があまりにも短か過ぎる。たとえば、筆者自身も、三十二年三ヶ月の公務員生活の中で二十四回の転勤や配置替を経験しているから、合計二十五の仕事に携わり、平均在任期間は一年三ヶ月だったことになる。こんなに頻繁に仕事を替わったのでは自らの判断で責任をもった仕事ができるはずはなく、仕事は組織で行うものという無責任な観念が流行することは止められない。

公金の使い方に関する複雑怪奇な事前規制も廃止して、現場の管理者に大幅な権限を委譲し、事後の厳格な監査、評価で対応すべきである。

「虚言・粉飾・隠匿癖」の治療対策として、情報隠しに歯止めをかけるため、欧米から輸入された情報公開制度が期待されているようだが、現実にはあまり役に立っていない。この制度は、名称はともかくとして、実質は公文書公開制度にしかなり得ない。文書に記録されていなかったり、粉飾の結果、意味が分からなくても、国民側は開示請求権の行使も、責任の追及もできないからである。

原則公開、例外非開示というネガ・リスト方式のこの制度は、クニ・ムラ体制の下、以心伝心、顔色を読む等、非言語的コミュニケーション手段が発達するとともに、国民が共通の価値観やモラルをもたないわが国においては、肝心なことは文書に残されていないため、枝葉末節のことがらばかりがあげつらわれる結果を招いている。行政は複雑な大量現象で、あちらを立てればこちらが立たぬという世界であるから、問題点にはこと欠かない。減点法で採点すれば、随所にそのタネがあるのは当然で、マスコミがあら捜しをするためには打ってつけの宝庫には違いないが、そんな不毛な評価に一喜一憂していても進歩は期待できない。むしろ、公開すべき重要なことがらを明示したポジ・リスト方式の併用に向けて再構築すべきであろう。

減点法による評価も、小心翼々たる公務員を育てている。野球というゲームにおいては名選手ほどエラーも多い。呆然と見送ればヒットと記録されるような難しい球にも飛びついて行くからである。いつも観客に注視されているスポーツの場合、感動を呼ぶプレーが評価されるのに対し、行政の場合、好プレーは当たり前のこととして評価されず、形式的な小さなミスがあげつらわれる。

この病を克服するためには、第四部であげるようなわが国社会の独自性を見直し、それにふさわしい制度の構築を工夫するとともに、公務員や国民の意識改革を図ることが必要である。完全主義、法規万能主義から卒業し、和を重んじたり、大岡裁きにうなずく、伝統的な解決法の利点も評価しなければ、法規、慣習、モラルのねじれは解消せず、いつもタテマエ論に沿った嘘をつき通さなければならない。

今日の行政に関する評価や評論も、タテマエ論に基づく減点法によるものが多く、この病の治療に役立っていないことが残念である。国、地方を通じ、数百万人の公務員がかかわり、国の運命や国民の生活にかかわりの深い行政に対しては、もっと実証的で前向きな評論活動が行われるべきである。そういう活動が活発に行われ、身体の隅々にまで沁み込んだ生活習慣病を改善していかなければ、この国の公務員と国民の不幸は解消しない。

第四部　社会からの感染症

行政は一般社会から孤立した存在ではなく、社会に影響を及ぼすと同時に、常に社会の動きを反映し続けている。従って、行政が罹っている病の中には社会の病から感染したものも少なくない。とりわけわが国では、「日本の常識は世界の非常識」といわれるように、一風変わった習俗や習慣が見られることが少なくないが、いわゆる正論は、グローバル・スタンダードの形式論で議論されるため、その間のギャップが大きくなったり、マスコミのセンチメンタリズムとセンセーショナリズムに強い影響を受け、これに引きずられる形で唱えられるといった風潮があるので、社会から持ち込まれる病の影響は深刻である。

第1章　法令、慣習、モラルの矛盾　多重人格障害

世の中は理屈通りに行かない!

世界の国々における気質を諷刺した小話がある。イギリスでは禁じられていること以外は許されているが、ドイツでは許されていること以外は禁じられている。そして、イタリアでは禁じられていることでも許され、旧ソ連では許されていることでも禁じられることがあるというものである。

わが日本はというと、許されていることでも自粛を強いられるかと思えば、禁じられていることでも大目に見られることがあるといった、一貫性のなさが特色ではなかろうか。

われわれの行動は、法令と慣習とモラルに影響を受けている。殺さない、盗まない、嘘

をつかない、他人に迷惑をかけないといった自制は、法令よりも、モラルに負うところが大きいし、行政による規制は、左側通行のように、モラルとは全然関係のない約束ごとによることが多い。そして、慣習にはモラルと法令が色濃く影響している。

この三つの規範のベクトルが揃っているほど社会は安定し、行政と国民との関係も良好になるが、一般に社会生活の隅々や諸手続の細部までを法令で規定している成文法主義の国では、しばしばその間に矛盾が生ずる。

この矛盾は、社会経済の進展や国民の価値観の変化に伴って、次第に大きくなって行く。一方、各組織や集団は、それぞれ独自の価値観や利己的な動機に基づく規範意識をもっているが、それらを剝き出しにしたのでは社会的な反発を買うから、厚化粧してうわべを飾り、ホンネとタテマエを使い分ける。これらは、いわば当たり前の話で、病というのは大げさだろう。

しかし、わが国の場合、そういう、どこの国、どんな社会にでも見られる現象ばかりでなく、人々の思考や行動の基本に、根源的、構造的な、いわば二重人格とでもいえるようなねじれが存在し、これが意思決定を分かりづらくし、歪めている。

一方の人格は、論理的、分析的な回路から構成され、正義、公平、効果、効率といった原理・原則に従って、客観的な事実や実証的な推論に基づいて議論を進めようとする。その主な媒体は言語と文書であり、コミュニケーションはオープンな場で、約束ごとや手続を重視しながら進められる。

もう一つの人格は、情緒的、感情的な直感や察しを拠りどころとし、原理・原則や分析的な推論よりも、人々の気持や全体の空気を肌で感じることにより、いわゆる「落としどころ」や「おさめ」を追い求め、関係者の顔が立つか潰れるかを重視する。媒体としては、顔色を読む、以心伝心などの非言語的な手段も併用され、オープンな場における議論よりも密室における根回しが重用される。

学生たちにこの種の話をすると、行政上の意思決定は当然、前者に拠るべきであり、顔が立つ、立たないなどは論外という反応が戻ってくる。一般国民の受け止め方やマスコミの論調も同様であり、学者や有識者も、聞かれれば同じような模範解答をする。

にもかかわらず、現実の政治や行政の世界で幅を利かせているのは後者である。エラそうにあるべき論を唱える評論家やジャーナリストも、個人的には後者の人格で振舞っていることが多いし、学生達もリクルートスーツを着たとたん、あまり抵抗なしに別の人格に変身してしまう。若い頃から聞かされてきた「世の中は、理屈通りにはいかない」という常套句は、むしろ後者の優位を示唆しているようにも見える。

このような二元性は、わが国の社会の随所に暗い影を落としており、政治、行政はその影響を強く受けている。その現れ方が多様なことから、本稿ではこの病を「多重人格障害」と名づける。

○○の常識は世間の非常識

この病がなぜ問題か、その悪影響を整理して見よう。

第一は、この多重性が、わが国をモザイクのようなムラ構造にしていることである。昔から地域や集団ごとに特有の慣習や行動様式があったところに、それらを通ずる共通の原理や価値観が確立されないまま、全く別次元の欧米流のものの考え方が導入された結果、有力なムラ々々は法令や制度を、自らに都合がいいように解釈し運用することによって、独自の文化を形成して来た。その代表例は国の各省庁、本書で言うクニ・ムラであるが、民間の大企業や団体にも似たような面がある。半ば自嘲的に、「○○の常識は世間の非常識」といわれることがあるが、この○○の中に固有名詞を入れて見れば、当てはまるところが多いはずである。

第二は、そういう価値観や行動様式が、外圧等によって、ある日突然、劇的に変わることである。たとえば田中角栄元総理は、『文藝春秋』誌上でその金脈と人脈が批判された後急速にその力を失い、遂には刑事被告人となり実刑判決を受けた。しかし、彼の錬金術は政治家として出世の階段を駆け登る過程でほとんど公知の事実となっていたにもかかわらず、大方は非難するどころか、今太閤としてもてはやしていたのである。

カラ出張、ツケ回しなどを初めとする不正経理事件にも似たようなところがあった。情報公開制度の導入に伴って、市民オンブズマン達に厳しく糾弾されたこの種の問題は、行政の内部では、硬直的な予算会計制度に対応するいわば生活の知恵だったし、そのことは、役所とつき合いの深い記者たちにも良く知られていたはずである。そんな時代には、小才の利く経理担当者は重宝がられ、評価されていたのに、掌を返すように、譴責《けんせき》と処分の対象になった。

K・V・ウォルフレン氏が『日本権力構造の謎』(早川書房)の中で指摘している「日本の社会には、どのような状況にも普遍的に通用する真理や法則、基本概念や真理がありうるという考え方が存在せず、このことが日本を分かりづらくしている」というのはこういう病状を指している。

第三の問題点は、この種のねじれの解消は、複雑なパズルを解くことに似て、一筋縄ではいかないため、公務員や政治家が正面から取り組みにくいことである。二つの人格のうち、論理型を装えば、素人、世間知らずと嘲笑されるし、逆に、空気を尊重し、落としどころばかりを追い求めれば、芯が通っていない、頼りないと軽蔑される。

意思形成や評価の基準に矛盾があったり、日替わりになるようでは、公務員や政治家は仕事の進め方に自信がもてず、意欲と士気が殺がれ、本腰を入れ難くなるし、努力のベクトルを揃えることもできない。その結果、かつて「実務的にねじれを解決した経験」すなわち前例を極度に大事にする文化を生じ、「法規・前例依存症」のような病を生んだのである。

最も困った病状は、この二つの人格の一方が不適切な場面で登場し、本当に必要な人格の出番を阻害してしまうことである。

今日の政治・行政が直面している課題の中には、たとえば、租税や年金制度の設計、道路整備を初めとする公共事業の効果の把握など、実態と問題点、政策の効果とコストや副作用について、定量的な把握やモデルの設計、シミュレーションが可能なものが多い。これらについては、実証的、論理的な分析の上に立って国民の合意が形成されるべきであるが、実際には、関係者の顔を立てたり、足して二で割るような情緒的解決が横行している。

逆に、本来は総合的な判断によって行われるべき意思決定が、部分を支配する法令や制度に則って、硬直的に処理されていることも多い。たとえば、補助金は、補助目的を最も効果的に実現するように用いられるべきところ、現実には法令や要綱に合致することが至上命令とされ、その結果、交通量のほとんどない山中に道路構造令を満たすために高規格の道路が造られたり、誰も使わない施設を備えた使い勝手の悪いハコモノができたりする。大学の学部の新設に際しては、完成するまでの四年間、文部科学省の設置審の審査結果通り、カリキュラムを運営しなければならず、審査に誤りや見落としがあっても、変更してはならないと信じこまれている。文部科学省の幹部は、問題があれば改善しても結構というが、大学側の思い込みが激しいのか、係長クラスが硬直的な指導をしているのか、現場の意識は改まっていない。福祉や医療行政の末端でも、こんな矛盾は日常的に繰り返されているのではなかろうか。

木に竹を接いだ日本文化

「多重人格障害」が悪化した原因は、わが国の政治・行政文化が木に竹を継いだような形で形成されて来たからである。明治このかた、わが国は政治、行政の制度も法令の在り方も、欧米流の方法論を金科玉条として取り入れてきた。社会科学の分野でも欧米で流行している学説の取り入れに忙しく、わが国の社会に関する実証的な研究は後回しにされた。日本的な特徴は遅れた部分と見なされ、欧米のモデルに合致した方向で是正して行くべきものと考えられてきた。

しかし、欧米との相違は必ずしもわが国が遅れていることを意味していない。たとえば、「和を以て貴しとなす」という精神は、国民の心の中に深く刷り込まれており、このため、意思決定に際しては関係者の間に後々までわだかまるおそれのある「しこり」を最小限にしようという衝動が常に働いてしまうのであるが、これは必ずしも恥ずべきことがらではない。

なぜなら、人を動かしている衝動には、真・善・美といった理想や経済的利益の追求ばかりではなく、妬《ねた》み、嫉《そね》み、やっかみ、僻《ひが》みといったマイナスの情念や、意地、侠気、理由なき反抗といった、論理的合理主義では説明できないものが含まれているからである。この種の情動のエネルギーの強さは、古くはシェイクスピアの悲劇や、間近くは、民主主義と豊かな社会を約束したがるアメリカ型の理想主義が、世界各地で怨念の再生産を生んでいることからも理解できよう。

お互いに足を踏まないよう、傷つけないよう、顔を潰さないようにと気を使い合って来たわが国の伝統的な流儀は、いわば「最大多数の最大幸福」よりも「最大多数の最小不幸」を目指す生活の知恵であり、報恩や自然な感情の動きを基盤とした義理・人情や、理屈よりも血の通ったバランス感覚が重視される大岡裁きなどが好まれる社会的風潮の中で育まれてきた。だから、いつも理に走ったり智を働かせ過ぎるために生じるマイナスのエネルギーの発生を食い止めようとする方向で働いて来たのである。

少なくとも、明確に黒白がつくような決着をつけることは、イギリスやアメリカのように「寛大な勝利者と立派な負け手」として互いをたたえ合うようなゆとりの文化を伴っていなければ、怨念の火種を残す危険なゲームになりかねないし、皆が議論に参加する大衆民主主義は、プラグマティズムが浸透し、細部にこだわる者は誰れもいないという雰囲気を伴わなければ、大学の教授会のように不毛な議論の場に終わってしまう。

もちろん、この伝統的な流儀は、守旧的な権威や体制の維持に貢献したり、甘えやもたれ合いを生むなど数々の欠点をもつことも否めないが、それなりにわれわれの心を捕らえ、社会の安定に寄与して来たこともあって、わが国の文化の深層に強固にわだかまっている。

これに対して、欧米から輸入された理論は、いわば後天的な学習によるものに過ぎない。だから、元々そういう理論を「現実とは異なる」として軽視して来た者はもちろん、ある程度信奉して来た者ですら、現実の問題に直面した際には、時として深層の情動につき動かされ、突然、別の人格に変身してしまうのではなかろうか。

長い歴史の中で形成されてきた思考の慣習の中に、突然、西欧流の合理主義が、木に竹を接いだような形で導入されたために生じたダブルスタンダードは、行政のみならず社会全般に影響を及ぼし、ヌエのように捕らえどころのない、「多重人格障害」を生んでいるが、その弊害をできる限り克服して、分かりやすく、現実的な行政を実現していきたいものである。

第2章　行政は完成品という大錯覚　完全主義症候群

手続への異常なこだわり

この病は、第二部で紹介した「法規・前例依存症」と密接な関係をもち、この病と合併症を起こし、より重い症状を呈することが多い。

この病に罹患すると、行政の仕組みは既に完成されているという思い込みに支配されるようになり、外部からの批判に鈍感になり、定められた行政の内容や手続に異常にこだわり、国民にも厳格な対応を求めがちになる。

もっとも、公務員達は、このような症状とはうらはらに、ずさんで、無責任な行政運営を行うこともある。公共事業の効果を過大に見積ったり、特殊法人が無駄なハコモノを作りまくって捨て値で処分したことはその例であるが、これらは、政治と癒着したり、クニ・ムラの利益のため盲目になっているなど、別の病にかかっている場合である。

行政に関する病には、このように、全く逆の症状を示す例が少なくないが、人間にとっても、過度の痩せ過ぎ・肥り過ぎ、高血圧・低血圧がともに病的であるのと同様である。

また、行政の部内には、現在の仕組みを守り、完璧、万全に対応して行く態度は、適切、妥当と信じられているフシがあり、病気という自覚がないので、こういう指摘に対しては、真顔になって反論する向きもあるかも知れない。もちろん、人命や人権に影響のある問題など、慎重できめの細かな対応を行うべき課題もあるので、完全主義的な対応をすべてこの病と診断するわけにはいかないが、行政の広い分野において、この症候群が蔓延し、国と国民に大きな損失を与えていることは間違いない。

たとえば、行政の仕組みを見直し、簡素化を進めようとすると、細部の整合性を損なうというような反論が生じ、社会・経済の発展に取り残され、国民の生活の質の向上を妨げていること、リスクを避けようとするあまり、大胆で、積極的な対応ができないこと、意思決定に手間取って時間との競争に敗北すること、手続に手間ひまをかけ過ぎ、国民に迷惑を及ぼすとともに行政運営を非効率にしていることなどはそのほんの一例である。

傲慢さと神経症的律儀さ

この病の代表的な症状は、行政の現状への過信から来る尊大、傲慢な対応と、あらかじめ定められたプログラムに固執する神経症的律儀さである。

今日、何故、国民のための行政が実現できないかといえば、国民の意見やアイデアを吸い上げ、施策の形成や運営に結実させていく機能がないためである。その原因としては、そのための具体的な仕組みが整備されていないこと、国・地方を通じて、議会が本来の企画機能を果たしていないこと等があげられるが、もう一つの原因は、公務員達がこの病に罹患し、原則として現状のままでも問題はないという思い込みから、国民の声を聴いて施策を改善して行くという姿勢をもたないことに求められる。

彼らは『前例がない』『何か事故や問題が起きると困る』等を常套句として、国民からの提案や改善意見に消極的な対応をする。役所に苦情や陳情、意見、要望を申し立てた経験がある者なら、たとえば書類に印刷ミスがあるとか、道路に穴が開いているといった類の行政の完全性が損なわれているという指摘にはすぐに対応してくれるが、時代遅れになった規制の改善とか、道路の掘り返しの集中化等の応用問題については、どんなに熱心に訴えても明確な反応がないことを知っているはずである。

総合規制改革会議が提言した、医療や教育、福祉、農業等の分野への株式会社の参入に抵抗していた各省庁もこの病の重症患者だった。企業が参入すれば利潤の追求に走り、医療や教育等の質の低下を招くという理屈らしいが、実際には、これらの事業は高度なサービス業という認識で顧客のニーズに効率的に対応しながら経営しているところが成功し、評判もいい。

少数の不都合な事態の発生を懸念して、全体のシステムの非効率を放置するのは、この病の特徴的な症状である。

民間の活動に対する過剰な関与も、完全主義に基づく傲慢さと神経症が招いたものといえる。行政は、国民生活の隅々にまで責任を持つべきだという考え方は、一種の使命感の表れとも考えられるが、その担当者の多くが、この病の患者だとすれば、あまり評価しない方が良い。

行政改革の大きな課題として、行政の守備範囲の見直し、官から民へ、規制緩和等がいつもあげられ続けているが、この病を治さずに、実効をあげることは困難である。

多くの公務員達はこの病のため、その所掌に関係することがらはすべて把握しなければならないという強迫観念に支配されている。実際、会議や決裁の過程などにおいて、上司や関係者から様々な質問が出ることがある。聞く理由は、何か見落としている問題はないか、ひょっとして自分達のクニ・ムラの権益が冒されるおそれはないかなどのほか、将来、予想もできなかった問題が発生した際など、少しでも情報があれば、それをタネにもっともらしいコメントができるが、何もいえなければ、世間から、実態すら把握していないと非難されるおそれがあるからであろう。興味本位で、所掌事務とは何の関係もない質問が出ることもある。それでも説明者は、答えられなければ不勉強だという印象をもたれ、肩身が狭くなるので、実態の把握に一所懸命汗をかいている。

防衛庁の職員が、情報公開請求者のリストを作成した事件があった。担当者から見れば、上司からそんな請求をするのはどんな人かねと聞かれることは当然予想できたので、つい過剰な心配をしたのかも知れない。この病が招いた勇み足といえよう。

申請や届出の書式を賑やかにしているのも、この病のなせる業である。申請人の属性や申請・届出内容に関して微に入り細をうがって記入を求める。役所側の便宜のため、名前や住所など、同じことを何度も書かせる。しかし、国民の側は、書類に空白があれば受理されないので、何故こんなことまでと疑問をもちながらも、ひたすらブランクを埋めている。

警察署に遺失物届を出したことがある。書式には、何月何日の何時何分頃、どこで紛失したかの記入欄があった。そこまで覚えているようなら貴重品は失くさない。これは、適当に書けばいいことであろうが、災害や事故時の報告になると、笑い話では済まされない。たとえば、JCOの臨界事故の際の科学技術庁への報告は、手順によれば、件名、発生場所、原因、復旧措置などを記載することになっており、報告が遅れた原因になったという。

災害や大事故の体験者の話を聞けば、とっさには何が起こったのか分からなかったということが多い。全体像を把握しようという努力も必要だろうが、何だか分からないが異常事態が発生したという事実を、速やかに報告することはもっと大事である。時間を犠牲にしても内容の正確性にこだわる、この病の患者の対応は時に被害を大きくする。

それに、この病の患者のいう「完全」とは、現実的な観点と実証の裏付けを欠いた、あるべき論、タテマエ論に基づくものに過ぎない。たとえば、事故や災害の防止対策は、発生の確率を減少させることはできても、ゼロにすることは不可能であり、確率を下げようとすれば、そのコストは幾何級数的に増加する。従って、発生した事故の拡大や重大化を防ぐ多段階の仕組み、つまりフェイルセーフがより大事になる。たとえばエレベータの場合、まず、箱を吊り下げている鋼索が切れないことが必要であるが、万一切れた場合には、滑落を防止したり落下の緩衝を図る様々な装置が装備されている。

ところが、行政の場合、最初の事故自体があってはならないとされているから、一次的な防止対策に膨大なコストがかけられる。たとえば、災害の発生確率を下げるため、大規模な自然改造を試みるダムや堤防を建設する治山治水事業はその好個の例である。しかし、洪水や高潮等の自然災害は発生するのが当たり前という考え方に立って、昔の輪中《わじゆう》のように非常時の避難体制の整備に重点を置けば、そのコストははるかに安く、かつ多くの人命も救い得るはずである。しかも、フェイルセーフどころか、ダムや堰堤《えんてい》が整備され災害発生の確率が下ったからといって、元来は河道や遊水地だったところの開発が進むのだから、国中をコンクリートで固めるまでイタチごっこは止まらない。

さらに、原子力関係や住基ネットをめぐる議論の際などに見られたように、絶対に安全だ、事故は起きないと、非科学的な説明が行われるから、ちょっとしたトラブルが起こった際、二次、三次対策が機能し、損害の発生や拡大が防止できた場合でも、それ見たことかと、不信感があおられる。

なお、行政や世論があまりにもタテマエの上での完全性にこだわれば、関係者は情報を隠そうとするだけでなく、遂には事業そのものから手を引いてしまう。それでも産業廃棄物の処理等は需要がなくなるわけではないから、タテマエにこだわらなくても良いその筋の者が扱い、不法に処理したり海外に輸出するようになる。オモテの世界の完全性にこだわる結果、ウラの世界の繁栄を招くことも、この病のもたらす隠れた弊害である。

行政だけでなくマスコミも汚染

現象だけを見るなら、この病の原因は、タテマエ論にこだわり、既存の仕組みを過信している公務員達の狭い視野と了見にあることは明らかである。しかし、その解決を個人的な対応に求めても、病は快方には向かわない。彼等が、現実や国民の声を無視して、完全主義の砦に立てこもるのは、それなりの理由があるからである。

まず、この病は、行政の世界だけではなく、国民、特にマスコミに蔓延していることがあげられる。樹を見て森を見ずとのたとえ通り、大局は見ずに小さなミスやトラブルを拡大して見せるのは、新聞やテレビのお家芸であるが、その針小棒大ぶりが世論をミスリードしている。原子力や環境問題にその傾向が目立つが、賞味期限が切れた食材を使ったレストランを叩くようなこともその例である。そんな期限は一つの目安に過ぎず、保存状況によっては期限が切れても問題ないことが多い。シェフが自らの判断で品質を確認したとすれば、ひたすらラベルに頼る者よりは信用できるはずである。専門家の判断よりもラベルが信頼されるような風潮がはびこれば、公務員達も硬直的な完全主義に逃げ込んでしまう。

次に、責任追及の偏りがある。タテマエや法令に忠実だったり、慎重過ぎる対応の結果、公務が非効率になったり、国民に損失がもたらされたような場合でも、特定の誰かが責任を追及されるようなことはほとんどない。しかし、国民の声に応えたり、自らの識見で対応を変えた場合、うまくいって当たり前、別の問題が発生したり、既得権を侵害された人々から苦情が出たりすれば、その部分だけが咎められ、発案者や推進者が非難されることが多い。このような非対称的な対応も、公務員達をこの病に追い込んでいる。

これまでの行政に対する評価は、徹底的に減点法で行われ、しかも、一般にそのモノサシは法規であった。今日の行政の最大の欠陥は、施策の立案や執行に際して、コスト、効果、効率などの検討が、置き忘れられているか、せいぜい飾り物にしかされていないことである。時間、タイム・イズ・マネーといった感覚もないから、今は利用者が少なくても、二十年後を見て下さいなどと平気でいう。お役所の予算における歳入は見積りに過ぎないのに、歳出は権利になっているから、公務員達は金利の圧力を経験したことがない。筆者は、特殊法人の改革に携わっていた頃、各省の同僚達に、半ば本気で、税金ならいくら無駄遣いしてもいいが、利息のついた金だけは慎重に使ってくれと懇願していたが、金利の感覚のない公務員達に特殊法人等を経営させ、財政投融資の金などの借金を使わせてきたのは、身の毛のよだつ話なのである。

根拠の乏しい需要見積もりをし、それに基づくずさんな経営計画を立て、その上、事業の進捗が遅れ、結果として数百億円単位の損失が出たとしても、手続さえきちんととっていればその責任が問われたという話は聞いたことがない。むしろ、細部の手続や運営に欠陥や遺漏があった際の風当たりの方が強いという雰囲気こそ、この病の根本原因である。

この病は、窓口等の末端に蔓延しているだけでなく、中枢部も侵されており、国民やマスコミも同病であることから、治療は著しく困難であるが、その影響は大きく、放置すれば国全体の方向を誤らせ、その活力を削ぐ。官民の総力を挙げて克服すべき病である。

第3章　とめどない浪費癖　予算過食症

国、地方とも破産寸前

わが国の財政は国も地方も破産寸前で、毎年巨額の借金に依存し、平成十六年度末における国と地方の累積債務は合計約八百兆円に達する。しかも、高齢化の進行に伴い後年度負担、つまり、制度の改善を行わなくても行政対象の増加などにより必然的に増える歳出はますます増加するし、もはや高度成長は実現困難であるから、この巨額の借金はとうてい返せないと考えざるを得ない。

このような状況にもかかわらず、行政は膨大な浪費をしている。めったに車の走らない道路、船や飛行機が来ない港湾や空港など、建設費の利子よりも維持管理コストの方が高くつくような代物が造られ続け、その上、貴重な自然環境や景観を破壊するという副作用まで伴っている。

かつて、第二臨調では、このまま推移すれば、国債の累積額は百兆円を越すという危機感から、「増税なき財政再建」を旗印に、日に夜をついで各省庁と折衝を行い歳出削減を実現した。しかし、その路線が維持されたのは僅か数年で、その後はバブルに煽られ、景気対策の大合唱に押され、財政は節度を失っていった。当時の仲間達に会うと、あの二年間は何だったのかと、空しさをかこつことになる。土光会長は、いつも私達に、「これは君達の世代の問題だ。俺は地獄の底から見守ってやる」と語っていたが、この惨状を泉下からどのような思いで見ておられるだろうか。

若い世代の不信感も強い。十年近くも昔の話になるが、ある大学の大教室で講義をした際、ザワザワという私語がうるさく、どんな冗談やパフォーマンスでも止められなかったのに、年金の話をしたとたんにシーンと静まり返った経験がある。それほど若者達はこの国の行く末に危機感をもっていた。ほとんどビョーキというほかはないこの浪費癖も社会の風潮に流されて感染したものといえる。

絶えず国民の税金を食べ続ける怪物

ブレーキの壊れた車のような、予算の無茶食いが特徴である。行政の世界は、世界の三馬鹿クラスの規模壮大なものから、使用人のつまみ食いの類のみみっちいものまで、浪費とムダ遣いであふれている。政治家も役人も、最大の活動目標は、予算の獲得・増額である。A・ビアスの『悪魔の辞典』風に彼らを定義付ければ、「絶えず国民の税金を食べ続ける怪物。彼らの関心は、日々食べる量を増やすことと、仲間よりも沢山食べることだけにあって、食べる目的には関心がない。その結果、彼らの通った後は無残に食い荒らされ、醜悪な排泄物が残される」とでもいうことになろうか。彼らはどんな批判も無視して予算を食い続ける。

その代表例は公共事業である。万里の長城クラスは、青函トンネル、本四架橋、過疎地の高速道路などであるが、小規模なダム、農道、林道、土地改良なども、合計すれば相当な額にあがり、効果が乏しいという点ではその罪はもっと大きいかも知れない。これらの社会資本は、作れば必ず効果があるという神話が信じられているようだが、スイスイ走れる一般国道に並行して高速道路を作っても高い料金を払って乗る者はいないし、産業自体が基盤を失っているにもかかわらず、林道や漁港、工業団地等を作っても、利用者がいないのは当然である。

雇用・能力開発機構が、会館、宿泊施設の類を叩き売りに出した。数億円、数十億円をかけて建設した施設を一万円、十万円という捨て値で売却したのである。似たようなハコモノは、全国の市町村にくまなく整備されている。いずれも分不相応に大きく立派で、総じて利用率が低い。もともと需要がないことに加え、公的部門の経営によるサービスの悪さが拍車をかけている。

筆者が「頭に来た」のは、第二臨調の「特殊法人はこの種のハコモノを原則として新設しない」という答申が全く無視されて来たことを知ったからである。もっとも、近年出版された『ホージンのススメ』（若林アキ著、朝日新聞社）という内部告発本には、特殊法人の優雅な乱脈ぶりが面白おかしく紹介されているが、「臨調では国鉄の改革等に忙しく特殊法人にまで手が回らなかった」とされている。冗談ではない。特殊法人は筆者が担当し、当時としては厳しい答申を書いたはずなのだ。これを最大限に尊重するとした閣議決定が守られていなかったということは、重度の「省庁分裂症」が進んだわが国には政府が不在であることを意味している。

こんなムダが行われるのは、作ること自体が自己目的化し、理屈やデータは後から逆算され、費用は過小に、効果は過大に見積もられているからである。かつて公務員の定員査定に関連して、彼らの積算に嫌味をいったことがある。そんな費用でできるかどうか個人的に賭けをしよう、二倍で収まったらあなたの勝ち、三倍を超えたら私の勝ちでと誘うと、そんならあなたの方に乗りますよといった正直な相手もいた。

泣く子も黙る大蔵省が、こんなデタラメな積算を認めたのは、政治の圧力のためである。運輸省を担当していた筆者は当時の大蔵省や運輸省それに国鉄の担当者とともに、在来線を改良して新幹線に準じたスピードアップと直通運転ができる、いわゆるミニ新幹線の研究会に参加していたところ、北陸地方の大物先生に呼び出され、きつくお叱りを受けたことがあった。将来、交通量が増大するからフル規格の新幹線が必要だというのならまだ筋が通るが、大物氏は「そんな安上がりのモノでは地元が困る。君たちはいつまでそっちに座っているんだ。将来、こっち側に来た時に困るような研究はするな」というのだから、恐れ入った。

公共事業ばかりが悪役ではない。カネ多きをもって尊しとなすという風潮は、社会と行政のあらゆる分野を覆っている。世界最高水準の高度情報社会を目指すe-Japan計画は、それ自体は結構な政策だが、国民のためにどんなシステムが必要かの議論が後回しになり、インフラの整備が先行していることや、国費を使って情報産業を潤し、システム設計を大手ベンダーに丸投げするなどの構造が公共事業に良く似ていることが気になる。

大学の研究費も、これまでの悪平等的な配分を改め、科研費等の競争的資金への依存度を高めることになった。この政策も優れた研究者に必要な資金が集中するなら問題はないが、逆に優れた研究者というお墨付きが欲しいため、ステータスシンボルとして過大な資金獲得競争が激化している傾向がある。金と面子が絡んだこの病は、世俗の名利とは縁のなさそうな象牙の塔まで汚染しているのである。

経済発展至上主義の弊害

この病の原因を分析しだせばきりがないが、まず、構造的要因として経済発展至上主義をあげておこう。右肩上がりを常と信じ、そうでなければ不況と称し、積極予算だ、財政出動だという声が高まるからである。しかし、こういう認識は正しく、健全なのだろうか。

一九九三年、第三次臨時行政改革推進審議会（行革審）は、わが国が物質的豊かさの追求には成功したものの、真の豊かさにはほど遠いとして、人間性豊かな社会、環境を重視する社会、選択肢の多い社会の実現を目指すべきと指摘した。これに先立つ一九七二年、ローマクラブは、人口の増加や資源、環境問題の深刻化から、経済成長は限界に達するとして、成長から持続可能な均衡への方向転換の必要性を提言している。われわれは大量生産、大量消費、大量廃棄型の高度成長路線に決別し、生活の質の豊かさに焦点を合わせるべきことは自明である。

ところで、つい、二、三年前まで、「縮みっぱなしの日本」とか「経済有事」などと形容される悲観論が流行していたが、本当にわが国は深刻な状況だったのだろうか。倒産の件数は多いものの、史上最高の利益を計上していた企業も数多い。空きビルが目立つ一方、高額な都心のマンションの売れ行きは好調だった。地方都市の中心街は寂れシャッター通りと化したが、その一方で郊外には大型店が次々に立地し、東京でも、お台場、汐留、新丸ビル、六本木ヒルズなど、新しい盛り場が次々に生まれ、いつも賑わっていた。

文化面における発展も著しい。アニメやゲームソフトは世界を席巻し、ポケモンやキティーちゃんなどのキャラクターグッズは世界中の街やリゾート地に溢れている。中国や韓国、東南アジアなどでは、Jポップスや東京ファッションに熱い目が注がれるようになり、かつてないほど日本の存在感が高まっている。

国内に目を向ければ、ホリエモンに代表されるニューリッチが次々に誕生した。企業戦士に止まっている中高年男性を尻目に、主婦層は活性化し、手作りのアートからステージに至るまで、その活動分野は多彩に広がっている。NPO活動、リサイクル・リユース、ネット取引、個人輸入なども盛んになった。好ましいことではないが、消費者金融、産業廃棄物の処理、風俗産業の発達等に伴い、地下経済もますます賑わっているようだ。

良くいわれた「失われた十年」などという認識はとんでもない近視眼で、この間に、わが国は産業構造が大きく転換するとともに、経済大国から文化大国、生活大国へと脱皮したのではなかろうか。このような社会、経済の実態の変化は、既存の統計では捉えることは困難だからGDPの伸び率は低下するが、生活の質の向上という面から見れば必ずしも悪い方向ではない。

さらに、「産業再生」が不可欠の課題であるとしても、リード役は、発展途上国が追随できない先端産業や文化産業、高度なサービス業のはずである。その振興のために必要な方策は、国民の智恵と感性がフルに発揮できるよう、徹底的な規制緩和と、マニュアル人間を製造し続けている教育改革であろう。勿論、時代の流れに取り残された産業や雇用者救済のためのセフティー・ネットは強化しなければならないが、古い産業の権益を保護するために金をバラ撒くことは見当はずれである。

第二の病因は種々の長期計画の存在である。戦後のわが国は廃墟から出発したから、各省庁は先を争って社会資本整備の長期計画を樹立した。しかし、それらは、タテ割りのクニ・ムラの価値観だけで策定され、財源や環境、国民生活等への配慮を欠いていたから、時代の進展に伴ってホコロビが目立って来た。それに、当然のことながら、これらの事業は費用に比べて効果が大きい「是非必要なもの」から順に着手され、次第に「あった方が良いもの」に移行し、やがて、「あってもなくても良いもの」から、「ない方が良いもの」へと変わって行く。中の海や諫早湾の干拓、長良川や吉野川の河口堰建設などは全国的な問題となったが、日本中でこの種の開発が行われたため、干潟、砂浜、雑木林、渓流、自然河川といった、かつてはどこにでも見られたふるさとの自然や風景が失われてしまった。

第三に、顔を立てる文化の弊害も見逃せない。政治家は本来の役割である政策と立法を官僚に任せ、予算の獲得を手柄にしようとする。しかも借り物の民主主義のためか、議論に基づいて意見を調整するという習慣がないので、互いに感情的になってしこりや怨念を残さないよう、皆の顔が立つような「落としどころ」が目指される。このため総花的なカネの配分が行われる。四国に三本も橋をかけたことはその最たる例であるし、新幹線は北海道から九州まで、空港も港湾も地域ごとに、高速道路網も全県をカバーしなければならない、ハコモノも全市町村にと、いずれも顔を立てる文化が招いた大盤振る舞いである。

第四に、予算・会計制度とその運用にも問題がある。仕事で遅くなり、終電車で帰れなくなった場合、公費ではビジネスホテルにも泊まれないが、タクシー代なら何万円でも支出できるような馬鹿げた習慣は、予算が組織別、費目別に硬直的に管理され、移流用が厳しく制限されているため生じた。毎年使い切らねばならないという制度も、結果的に無駄遣いを奨励している。財政当局は財政法、会計法等を金科玉条とし、この種の不合理の是正に消極的であるが、安全、確実な投資先にしか用いられないはずの財投資金を回収困難な特殊法人の事業に投融資するほど弾力的な法解釈を行う能力があるのだからもっと智恵が出そうなものだ。

経常費の節約も皮肉な矛盾である。お役所の日常的な経費をできるだけ節減し、なるべく国民が受益する政策的経費に回そうという心がけは見上げたものだが、行き過ぎた削減が強行されれば、経常費では庁舎の電気代も電話代も払えなくなる。そこで各省庁は政治家が担ぐ政策的な経費を獲得し、その中に含まれる事務費を生活費にあてようとする。数千万円の事務費が欲しいために、内心は歓迎していない数億円の事業費の獲得に熱意を燃やすわけである。

補助金制度や起債制度にも過大な事業やムダづかいを奨励するような面が含まれており、これら地方財政制度の様々な不合理が「予算過食症」を重症化させている面も見逃せない。これらは、皆、行政の内部にのみ存在する病根ではなく、社会全体に存在する価値観や目標が大きな影響を及ぼしているものといえる。

この病は、原因がはっきりしているだけに対策も明確である。ただし、いずれも政治過程と深く結びついている社会的感染症だけに、苦い薬を飲ませることは容易でないだろう。大きな手術と健康管理を併用し、亡国の病であるこの病を一刻も早く治癒させなければ、土光さんに合わせる顔がない。

第4章　不安は美味しいメシのタネ　安全・安心ヒステリー

くり返される空騒ぎ

「コノ頃都ニ流行ルモノ、夜盗、子イジメ、BSE、オレオレ詐欺ノニセ電話、鶏《ニワトリ》メグルカラ騒動」

今日の世相を二条河原落書風に綴れば、こんなことになるだろうか。話題になるのは、社会生活に対する脅威が多いが、これらに的確に対処して、安全で安心のできる社会を形成、維持していくことは行政の大事な責務である。

とはいうものの、過剰反応も目立つ。どうもわれわれの国では、こと生命や健康の話になると、度を越してしまうことが多い。その勇み足が咎められたのが、平成八年の病原性大腸菌O157をめぐる騒ぎで、十分な根拠もないまま特定のカイワレ大根を犯人扱いにして、後に国家賠償を命じられた。損害賠償といえば、テレビ局が所沢の野菜のダイオキシン汚染について誇張した虚偽報道を行ったという事件もあった。

ダイオキシンに関しては、人体に蓄積されるプロセスやその経路についての十分な解明も行われないまま、ガセネタや風評に基いて立法措置が急がれた。その結果、地方公共団体では焼却炉の新設のため莫大な財政負担を強いられ、冬の風物詩の焚き火まで白眼視されるようになった。しかし、平成十六年二月に発表された環境省の調査結果によれば、人の血液中におけるダイオキシンの濃度にはほとんど地域差が認められず、また、その主な経路も食事、特に魚介類からという結果になっている。ゴミの焼却に目くじらが立てられたことは早とちりではなかっただろうか。

鳥のインフルエンザやBSEについては、現在、進行中だけに論評は難しいが、同様な傾向が認められる。もちろん、家畜や家禽の伝染病予防という見地からは、迅速、的確な対応が必要であろうが、国民には、人間の健康に対する大きな脅威と誤解されており、肉屋や焼鳥屋の客が減る、生んだ鶏卵や飼っている鳥を捨てる、学校や幼稚園で子供たちを鳥から隔離する、通学・通園路を変える、発生地での宿泊をキャンセルするといった過剰反応が生じてしまった。

さすがに国もたまりかね、「鶏肉や鶏卵は安全である。鳥と濃厚に接触する習慣のないわが国では人に感染する可能性はほとんどない」と直接国民に呼びかけたが、言葉とはうらはらに、汚染の可能性のある鶏や卵を全て廃棄したり、防護服に身を固めたものものしい処理風景を見せるので、国民の不安は沈静化しない。

あり得ないほど確率が低いことを過度に警戒するのは滑稽であるが、笑い話で済まされないのは、こういう過剰反応が、ハンセン病やエイズの患者に対する差別を生んで来たからである。たかだかインフルエンザより、社会的にはこちらの病の方がはるかに怖い。

だから、この種の過剰反応を病理現象の一つに数えた。行政の狂態はこの病の社会からの感染によるもので主犯とはいえないが、時には世論にあおられ、時には世論をミスリードするなど、この狂騒曲の重要なプレーヤーになっており、その責任は大きい。暗示にかかりやすく、時に病的な興奮状態に陥ることを、俗にヒステリーという。その用法にならって、この病を「安全・安心ヒステリー」と名づけて見よう。

エスカレートするヒステリックな報道

この病は報道を発端として発症することが多い。そのきっかけは、新たな疾病の発生やいわゆる環境ホルモンを告発したシーア・コルボーンほかの『奪われし未来』（翔泳社）のような問題提起である。マスコミは社会の木鐸《ぼくたく》として、新たな事実の発生や将来への戒めを世間に広めることを使命と信じているから、大げさな報道に走る。たとえば、所沢ではダイオキシンのために新生児死亡率が上昇したなどという根拠の乏しい主張が無批判にとりあげられるし、週刊誌は、奇形児が沢山生まれているといった根も葉もない話を書き立てる。

やがて行政が対応に乗り出す。かつては腰が重いと定評があった行政も、不作為を責められることが多くなってから対応が早くなった。既存の法令や仕組みを総動員して戦闘体制に入り、それでも足りなければ新たな立法が企てられる。

その動きの中で、学識経験者・専門家の出番が生じる。各省庁は彼らを集めて対策委員会を発足させる。そういう記事がセンセーショナルに報じられ、国民の不安はさらに膨らむ。行政はそれに応える新たな対策を発表し、それをマスコミが取り上げ、専門家が解説を加えるという形で、ヒステリー症は雪だるま式にエスカレートして行く。

生命や健康を脅かすものを全力で退治したり、国土に一歩も入れないという考え方は原則的には妥当である。しかし、他の行政と同様、データの真偽を検証することは不可欠であるし、費用対効果の分析や副作用・マイナスの影響を考慮することも必要である。発生の確率が極めて低かったり、予想される被害があまり大きくない場合に、環境や国民生活、経済や産業に大きな犠牲を強いることが妥当かも、冷静に比較考量されなければならない。

筆者の小学生時代、自宅の近くで赤痢が発生し、家々の周りが徹底的に消毒されたことがあった。草むらの虫は死に絶え、小川には魚の白い腹が浮かんだ。法定伝染病といっても、たかが赤痢である。多くの罹患者は出ても死亡者が出たわけではない。小動物まで根絶やしにしてしまう無法が許されていいのかと子供心にも悲しかったことを思い出す。

BSEは、原因物質のプリオンが煮ても焼いても食えないことが嫌らしいが、幸い成牛の、脳、脊髄、目玉、腸などの特定危険部位にしか存在しないといわれているし、感染牛が生じたアメリカで人間のクロイツェルヤコブ病が頻発しているわけでもない。危険部位を食べる習慣のないわが国においては、食肉処理過程と危険部位の利用禁止にさえ留意すれば、影響を受ける確率は、おそらく、旅客機に乗って墜落の憂き目に会うより低いのではなかろうか。

にもかかわらず、若い牛を含む全頭検査を義務づけ、これと異なる対応をしている米国産牛肉の輸入を禁止し、その結果、外交と消費生活に大きな影響を与えているのは、米国に指摘されるまでもなく、やり過ぎではなかろうか。その過程で、「安全だけではダメで安心が必要」という珍説まで飛び出したが、安全が確認できても安心できないというのは典型的な精神・神経疾患の症状である。

新型肺炎SARSに怯えて、国内で患者が発生していないわが国を含むアジアへの旅行が見合わされる騒ぎが発生したのも、国際的にヒステリーが蔓延した例である。

多分、安全のためには万全を期すことが必要という反論があるかも知れない。しかし、その理屈を認めるなら、バランス感覚が問われる。たとえば鳥インフルエンザやＳＡＲＳには大騒ぎするが、在来のインフルエンザに対してはそれほど有効な対策はとられておらず、流行時には毎年数百万以上の罹患者と千人を超す死者を出している。交通事故は飲酒運転の厳罰化によって多少減少したとはいえ、今なお毎年数千人の死者を出し続けている。大型トラックなど危険な車の規制や運転手の苛酷な労働条件を改善すれば毎年多くの人命が失なわれずに済むはずなのに、分りきった対策が講じられていない。商品を乱雑に積み上げた安売り量販店の火災で死者が出たが、筆者は（感染のおそれがあるといわれていた）牛肉や鶏卵を食べることには何の抵抗感もなかったが、事故が発生する前から、あの種の店では怖くて落ち着いて買い物ができなかった。

もっと不思議なのは地震対策である。南関東で暮らす人々が、周期的に襲って来る大地震で死傷する確率は、米国産の牛肉を食べてヤコブ病にかかったり、ＳＡＲＳや鳥インフルエンザで死ぬよりも、はるかに高いはずであるが、国民も住宅の耐震性などには関心が薄く、行政もほとんど無策な上、柱を太くすれば、固定資産税を増額するなどの、逆行する施策で水をかけている。

在来型の事故や災害には、現実に甚大な被害が生じていたり、悲惨な結果を生じる確率が高くても無関心なのに、新しい敵に対しては、正体も見ないうちから山より大きな猪が出るかと怯え、パニックに陥るのがこの病の特徴といえよう。

金《かね》の成る木の危険情報

この病の発生構造には、いくつかの原因が絡み合っているが、まず、あげなくてはならないのは、私たちの内部にある欠陥である。

中途半端な知識を身につけ、専門家の仮定に仮定を積み重ねたような議論や、マスコミが流す無責任な噂は耳に入っても、情報を冷静に、総合的に判断し、評価する力までは育っていないという、アンバランスな知的レベルは、いわれなき恐怖心をあおる絶好の温床になっている。

無意識のうちに陥りやすい二分法的思考も問題である。危険か、危険でないか、問題があるか、ないかといった、単純な二分法で詰めていけば、どんなに確率が低くても「ある」方に分類されてしまうからである。しかし、「絶対に安全だと証明できない限り危険がある」という考え方は、中世の魔女狩りに用いられた理屈と同じで、ナンセンスな暴論というほかかない。

新たな伝染病や未知の事態に対して過大な恐怖心を抱きがちな性癖も欠陥である。SARSや新型インフルエンザは、ペストやエボラ出血熱、エイズ等のように致命率が高かったり、治療法のない恐怖の伝染病ではない。新型なら当初は大流行するかも知れないが、病気そのものはお馴染みなのだから、症状を軽減する手立てはあるし、いずれ人々が免疫力を獲得すれば普通の病気になってしまうはずである。また、野鳥が一役買っているとすれば、根絶することは考えられないから、人、動物ともに免疫力を高めていくのが正攻法のはずである。牛にしても鶏にしても、不自然な飼い方に問題があるのに、さらに隔離を徹底してますます弱い生き物にしていくのは愚策というほかない。

次に、過剰な対策の結果、何事も起きなければ、対策の成果として胸を張り、そのために投じた費用や失った機会は不問に付され、責任の追及どころか、批判、非難さえ免れるが、軽視して何らかの事件が起きれば、一方的に非難されるという世論の偏りも問題である。たとえばコンピュータの二〇〇〇年問題は、世界中に小さなパニックを拡散したが、泰山鳴動してネズミ一匹という結果に終わった。しらみつぶしの対策が効果をあげたためか、もともと関連業界の特需狙いの謀略だったのか、今となっては誰にも分からない。

最大の問題点は、このドタバタ劇は、国民の恐怖心をあおることによって受益する出演者ばかりで構成されていることである。

いつの世も大衆に受けるドラマは勧善懲悪である。生命や健康を脅かす病原体や化学物質、放射能などは、目に見えないこともあって、恐怖の悪役としてはうってつけであり、それらと戦うことは大向こうの声援を得やすい。

マスコミは、新に出現した悪役の怖ろしさを誇張して見せる。週刊誌やスポーツ紙が誇張された恐怖を無責任に書きまくり、大衆の不安を高めたところへ、テレビや一般紙が客観報道を装ったキャンペーンを行うといった、企《たく》まざるタッグ・プレーが良く行われている。科学の匂いのするお化けの話ほど、売り上げや視聴率に貢献するものはない。

行政も外敵と戦うことによってその地位を安堵される。今日では、行政改革の見地から、どのような機関も必要性が問われ続けているから、その存在意義を示したり、予算・定員を増やすまたとないチャンスになる。たとえば、検疫機関は、かつては税関、入国審査と共にCIQと並び称される必要不可欠な機関だったが、皮肉なことに伝染病の克服の結果、その必要性が問われるようになっていた。わが国でも規制改革の一環として、民営化が議論されていたくらいだから、SARSなどは、彼らにとって、いわば神風だったのではあるまいか。

便乗して、一儲けする産業が出てくるのも当然である。ダイオキシン騒動は、ゴミ焼却炉や計測装置のメーカーにとっては特需になったはずだし、細菌やウイルスを相手とする戦さでは、医薬品メーカーや検査ビジネスが潤うことになる。分析技術が発達した今日では、南極であろうと太平洋の真ん中であろうと、ダイオキシンの検出は可能であるという。地球規模で汚染が進んでいる環境問題は憂えなくてはならないが、PPB（10億分の1ミリグラム）といった単位の汚染に大騒ぎするのは、誰かに乗せられている疑いもある。BSE騒ぎは、アメリカに対する嫌がらせか、新たな非関税障壁として利用されたのではなかろうか。

海外の危険情報なども儲け話のタネになっている。実際に世界のどの街を歩いて見ても、外務省やマスコミがいうほどの危険はないことが多いが、現地のホテル、タクシー、旅行会社などは「一般的には危ないが、自分たちがお世話すれば大丈夫」といって安全を売り物にしている。一方、大使館員や民間企業の駐在員は、危ない危ないと警告しておけば万一の時の責任逃れになるし、遊び半分の手間がかかる客も来なくなる。それに危険地手当を含む在勤俸給がアップするなど、危険情報は笑いが止まらないほど美味しい話になっているようだ。

専門家も大変な受益者である。研究対象が危険だ、問題だという認識が広まれば、研究費の獲得や増額が容易になるからである。その上、昨日までの地味な研究者がテレビに登場したり、著書が売れるというメリットも伴う。『買ってはいけない』（船瀬俊介ほか著、週刊金曜日別冊ブックレット）など危険性を強調する本は、冷静に書かれた本の何十倍も売れたようだ。

産学官の癒着は、行政の随所に見られる現象であるが、一般にはマスコミが批判者として登場する。しかし、この病の場合、マスコミも共犯者となり、天敵が不在になることが、一層の深刻化を招いているといえる。

この病は、「完全主義症候群」が誘発していると考えられるが、いわばない物ねだりといった側面もあり、意識の有無は別にして、行政の守備範囲の拡大に大きな役割を果たしてきた業病である。簡素で効率的な、かつ常識が優先するバランスがとれた行政を実現するため、重症に陥らないよう常に注意を払って行かなければならない。

第5章　常識的な判断と素朴な疑問を大切に

「社会からの感染症」対策と処方箋

社会からの感染症は、他の病と異なり、わが国の社会や文化の根幹に影響されている問題だけに、行政だけでなく社会全体の体質改善が必要である。

まず、「多重人格障害」の克服である。思考や行動の原理が複線であることは必ずしも好ましくないことではない。しかし、それらはジキル博士とハイド氏のように、突然入れ替わるべきではなく、同じ人格の中で葛藤を重ね、より高次の解決を目指すべきことがらである。そのために必要なことは、日陰者のように意識の片隅に追いやられ、軽視されて来たわが国独自の行動原理や合意形成技術の特質を見直し、その効用と限界、メリットとデメリットを明らかにし、社会的な意思決定のツールとしての有用性を認知させることではなかろうか。

人のマイナスの情動の発現を最小化しようとするこの日本的な手法は、論理的に分析すれば、多くの欠点や矛盾を指摘することは容易だろうが、目的意識を欠いたあら捜しや反対のための反対に比べれば、それほど恥ずべき考え方ではない。また、この方法は、外国人にも分かるような形で説明して行くことが必要であるが、これに成功すれば、様々な価値観が衝突し紛争が絶えない、今後の国際関係を改善していくためのジャパニーズ・ウェイとして、注目すべき技術になる可能性さえあるのではなかろうか。

対症療法的な改善策として心すべきことは、現に陥っている「多重人格障害」のもたらす弊害を自覚し、その弱点の克服を目指すことである。年金、租税制度、公共投資など、国の基本にかかわるような課題については、情緒的、談合的意思決定に陥ることを避け、実証的なベースの上に立って議論する習慣を作らなければならない。たとえば、道路公団民営化委員会の答申について、総理は二割は政治に委ねて欲しいといわれたそうだが、このような重大な問題は、政治的談合に委ねてはならず、委員会の意見に政治的な反対が強いというならば、さらにデータを積み重ね、国民的な論議を尽くすべきではなかったろうか。

末端における行政が、総合判断ではなく、細部の整合性や過去の前例等に囚われた偏狭で硬直的な人格に委ねられていることも是正しなければならない。このためには事前規制的な細かな法令、規則を極力廃止するか弾力化し、現場に権限を委譲して行くとともに、事後における評価・監査の充実を図ることが必要である。

「完全主義症候群」治療のための体質改善対策としては、行政は完全、無謬《むびゅう》であり、また、そうでなければならないという思い込みから、官民ともに解放されることが必要である。また、公務員や学識経験者達は、行政をめぐる様々な問題について、すべて認識し、理解できるはずだという妄想を捨て去り、もっと謙虚になるべきである。近年、自然科学は長足の進歩をしたが、まだ解明できていないことがらは無数にある。まして、実験や観察より理論に走りがちな社会科学は、施策に応用できる実証科学に脱皮しているとはいえない。問題の解明や解決のために知的努力を総動員することは好ましいが、仮説をドグマ化し、完全主義的行政観を補完することは避けるべきであろう。

根拠の乏しい思い込みから解き放たれた謙虚な眼で行政の内容を洗い直し、非権力的な分野については、指導原理を、法規・前例の重視から、目的の達成、国民の満足、効果、効率などに切り替えなければならない。

そのためには、品質管理やフェイルセーフといった発想を導入することも重要である。人命、人権にかかわるような問題では、ある程度のコストをかけても高い精度を必要とするが、サービス業的な分野では、効果、効率を優先させ、発生する問題や欠陥には、二次、三次対策でフォローするか、保険でカヴァーするような考え方で対応する手立てを工夫すべきではないか。政策や施策をめぐる議論も、良いか悪いか、賛成か反対かといった、単純な二分法から卒業し、様々な代替案の利害得失を比較するといった手法に席を譲ってもらいたい。

第三部で述べた、行政の評価の改善、行政手続法、個人情報保護法、情報公開法等の新たな法制度の活用等も有力な処方になる。国民の権利を重視するこれらの諸制度が理解され、活用されれば、行政を万能視する「完全主義的症候群」の矛盾は浮き彫りになっていくはずである。民間側において新しい制度を使いこなしていくとともに、行政側も制度の存在を前提に体質改善を進める必要がある。

「予算過食症」の改善は、政治過程と深く結びついている積年の生活習慣病となっているだけに、苦い薬を飲ませることは容易ではないが、行政と政治、社会を共通の神話から解放するためには、今後のわが国が目指すべき国家目標の明確化とその実現度合いを示す新しい指標の開発が必要である。貧困にあえいでいた時代には、何よりも経済成長が大事にされたことはやむを得ないが、いつまでもそのトラウマに囚われていれば、国民の真の願いとの差は開き、やがては国家破産という悲劇に直面することになる。この点については「私の行革論」で再度触れよう。

次に必要な処方は、顔だけを大事にする政治、行政からの卒業である。最近の選挙ではマニフェストが流行りつつあるが、関係する施策の相互関係やそのために必要な財源等を一つのバスケットに入れて定量的に提示するとともに、その効果を検証していくような習慣を確立すべきである。政治家は、世の中の矛盾をすべて金で解決しようという、甘やかしの手法から脱却し、国民の本当のニーズに沿った政策を展開するため、顔が立つ、潰れるという世界から抜け出して欲しい。

公務員も、政治家の顔を立て、サービスすることだけを天職とするのでなく、専門家として、自分の仕事に自信をもって「賭け」ができるように努めるべきである。あまりにも無責任な仕事振りが治らなければ、いずれ計画の立案者や関係者を公表して、後にその責任が追及できるような制度を導入すべきだという世論が高まるかも知れない。

「安全・安心ヒステリー」はかなり厄介な感染症である。何故なら、安全と安心を守る機能は戦争に似ているし、恐怖との戦いだからこそ、国民の関心と支持を集める。政治も行政も仮想の敵を作ることによって、自らの存在意義を高めようとするからである。

一方、この種の行政は、厚生労働省や農林水産省に担当されていても、機能的には警察行政であるから、法秩序の維持による社会防衛を目的とし、強権を発動し外敵の制圧を目指すという体質をもっている。

しかし、戦争の場合と同様、軍人などの専門家にとっては、敵に勝つことだけが目的になり、戦い自体の必要性やコストの分析、新しい兵器や戦術の使用による、国民や国土に及ぼす被害等については視野の外に置かれがちになるし、戦争が兵器産業などの死の商人に強力に支持されていたように、恐怖との戦いも学者やマスコミを含む多くの受益産業に取り囲まれている。

このヒステリー症の発生や蔓延を防ぐ最善の方策は、いわゆるシビリアンコントロールをおいてない。戦争を軍人に委ねた場合、暴走して発生する弊害を防ぐために、最終責任と判断は文民に委ねるという考え方である。この原則は、軍隊ばかりでなく、諸行政においても徹底すべきである。本来は、この機能は大臣等のポリティカルアポインティーが負っているはずであるが、この種の戦いにおいては、国民大衆が戦線の拡大を望むことが多いので、選挙を気にする政治家にブレーキの役割を期待することは困難である。

このため、たとえば内閣府などに、冷静に全体の戦局を眺められるスタッフを置くことが必要である。危機管理とは、実際に危機が発生した際ばかりでなく、国民が危機と誤認して、偏った行動に走った際にも機能すべきであり、このような場合には、たとえば特命大臣が専門のスタッフを用いて各省庁を指導し、データの真偽を検証するとともに、行政機関の公表した事実や採用した対策が、マスコミによってどのように受け止められ、報道されるかを予見して、誤解や誇張された風評が広がらないよう目を配り、タイムリーに冷静な情報を提供する必要がある。

また、このような事態が発生した都度、危険性の客観的評価が行なえないだろうか。事件が事故などにつながる可能性とその確率、事故が発生した際の被害の程度と態様を予測し、類似の危険や事故等との客観的な比較を行い、ネット等により直接情報を流せば、国民に欠けている冷静な総合判断に、少しは貢献し得るだろう。

より大事な一般的対策は、教育内容の見直しである。これまでにも再三指摘してきたが、今日の画一的、○×式の教育は、常識的な判断や素朴な疑問という健全な機能を退化させ、部分的に科学の衣を着た作業仮説を信仰のレベルに持ち上げる効果を果たしている。様々な騒動がもたらしたパニックを見ていると、オウムの唱えたハルマゲドンや中世の魔女裁判を笑う資格がないように思われる。

社会と行政を同じ病原菌から守るための対策に、もっと関心が寄せられる必要性はいくら強調してもし過ぎということはないだろう。

第五部　行政の病理を生み出す構造的要因

これまで、行政のあちこちに見られる病理現象をとりあげ、その分析を試みてきた。それぞれの病には、それぞれの原因があり、国民に対するサービスを低下させ、国の方向を誤らせている。

しかし、その底には、行政につきものの構造的な要因が認められる。それらは、大きく次の四つである。

①巨大で重層的な組織が形成され、意思決定の仕組みが錯綜していること。
②市場と競争を欠くため、国民のニーズとかけ離れがちになること。
③意思決定に関与する者の権限意識が強く、驕りと腐敗を生じていること。
④選挙民に迎合する政治の歪みが反映していること。

なお、わが国独特の問題である、社会全体に見られるダブルスタンダードも、「多重人格障害」（第四部）「虚言・粉飾・隠匿癖」（第二部）等を生む病根の一つに数えられるだろう。

これらの要因は、いわば行政の体質にかかわる生理であり、一朝一夕に改善することはきわめて困難である。しかし、この種の病根に対しては、根治は図れなくても、その実態と問題点を自覚することによって、欠陥を補う方策を編み出し、その弊害を出来るだけ小さくすることは不可能ではない。本稿はこのような観点から総括を試みたものである。

第1章　官僚組織の欠陥

1　巨大組織の硬直性

「大男・総身に知恵は回りかね」というように、巨大な行政組織は、それ自体が様々な病理を生んでいる。恐龍は環境の変化に適応できずに絶滅したといわれるが、行政機関はその巨大さのために社会経済の変化に適応できず、そのしわを国民に寄せている。

たとえば、巨大な組織は分割して管理せざるを得ないが、分担するそれぞれの部局、クニ・ムラは、自らの受け持つ部分的な使命に高い優先度を与え、目的の遂行や縄張りの拡大のため、独特の理念や哲学、技術や方法論を発達させ周囲を巻き込んで行くことによって、いわゆるタテ割りの弊害を増幅させている。

また、巨大な組織では、意思決定のための階層も多段階化している。たとえば中央省庁においては、大臣―副大臣―政務官―事務次官―局長―審議官（次長、部長）―課長―調査官（企画官）―総括課長補佐―課長補佐―係長、などと十を超える階層をもつ例が多く、この他、大臣官房の関与も強い。地方支分部局や地方公共団体も同様に重層的な内部組織をもっているため、地方から提起された問題が、国の施策に結実するまでには、途方もなく多くの関所を経ることになる。

組織の重層性は、キメ細かな行政の展開や、緻密な整合性の確保といったメリットがある反面、迅速な意思決定を妨げ、伝達される情報を減衰させたり、雑音を混入させて、内容を歪める。このため、トップと現場との間は隔てられ、国民の声や思いを届きにくくし、「五感・神経障害」（第一部）や「末端硬化症」（第二部）の直接的原因になるとともに、責任の所在を曖昧にし、「組織内癒着症」（第一部）、「責任感欠乏症」（第二部）などの重い病を誘発させる。

多段階の階層をもつ組織は、タテ割りの弊害も増幅させる。行政組織はどのように再編成しても、共管競合や空白を生じることは避けられないが、たとえ担当者がそのような問題に対し、良識やアイディアを総動員して現実的に対応しようとしても、組織の利益や論理を優先させる多くの者達が様々なレベルで関与し、足を引っ張り続けるからである。

効率的な意思決定と組織運営を図るため、権限の委譲が行われることがある。しかし、民間企業と異なり、行政の目的は多元的な上、手続面の公正さが要求され、問題が発生した場合には監督責任を問われることも多いため、上部機関は委譲した権限に関することについても、下部機関を後見的に指導、監督しようとする。一方、「臆病風邪」（第三部）に罹患している職員達は、顧客のニーズに対する親身な対応や効率的、効果的な事務処理よりも、法規の文言や上役の顔色の方を大事にしがちになるので、結局、権限の委譲は不徹底になりがちになる。

見逃せない問題は、巨大な組織においては、自らのエゴイズムを実現する力も強くなることである。わが国において政業官の癒着が深刻な悪影響を及ぼしている理由は、長い歴史的背景をもつ割拠体制の中で築き上げられたクニやムラが、法令、予算、慣行などの強力な資源を背景に、政治家、業界人、学者、マスコミ等を応援団とする独立王国的な存在となり、権限や予算の拡大、既得権益の確保に励み続けてきたからであり、「組織分裂症」（第一部）、「一家性腫瘍」（同）、「予算過食症」（第四部）などの原因となっている。

このような病根があいまって、行政機関における意思決定は、国民に顔を向け、そのニーズに応えて業務を改革して行くよりも、むしろ守旧的、前例踏襲的に偏る結果に陥っている。同じ釜の飯を食べ、同じ知識、感性と情報源をもち、強い連帯感で結ばれている者たちが、幾重にも論議に参画すれば、この傾向が強まるのは当然であって、時には集団的な錯誤や自己満足に陥る危険性もある。「法規・前例依存症」（第二部）や彼らの理念、方法のみに忠実な「完全主義症候群」（第四部）が蔓延するのも、組織の巨大さのためといえる。

2　市場と競争の欠如

「お役所仕事」という言葉は、行政が陥りがちな、責任逃れ、非能率、独善性、硬直性などを非難する際に用いられる。諸外国においても、「RED TAPE」とか「衙門作風」などという言葉があり、行政の評判は芳しくないが、その原因は、市場と競争を欠くために生じた無神経なふるまいにある。

自由な競争があれば、ニーズが低下したり、質の低いサービスしか提供できない売り手は、顧客から見捨てられ、市場から退出せざるを得なくなるが、法令と制度の上にアグラをかいている行政は、そのような状況に陥っても存続し、粗悪なサービスを押し売りし続ける。

あまり意味のない規制や事務手続にこだわる「法規・前例依存症」や行政の論理を過度に重視する「完全主義症候群」が蔓延したり、巨大組織が生んだ「五感・神経障害」（第一部）や「末端硬化症」（第二部）の改善が進まないのも、市場と競争による自浄作用が働かないためである。

また、民間においては、顧客の新しいニーズに対応して、いわゆるスキマ産業が次々に発達し、既存の企業との間に厳しい産業間競争を展開して行くが、行政においては、全く新しい事業主体が登場することはめったになく、新たな国民の要請にも、既存のクニ・ムラが中心となって組織したいわば子会社的な部門が対応して行くため、担当する組織の既得権や利益が損なわれない範囲でしか充足されないという問題も生じる。

このような病弊は、行政が自ら手がけている事務事業の分野のみならず、行政による規制や助成を受けて形成、発達した行政依存産業にも、等しく認められる。とりわけ、教育、福祉、医療等の、いわゆる官製市場の分野では、独善的な行政の理念と既得権益保護が絡み合って、変化し続ける国民のニーズとのミスマッチを増大させ続けている。

3　権力の驕りと腐敗

権力に腐敗はつきものである。近代的な政治・行政制度の構築に際して、権力の分散とチェック・アンド・バランスが重要な課題とされたのは、その集中が様々な弊害の源となってきたからであり、わが国においても、制度上はこの点に慎重な配慮がされている。しかし、行政の複雑性、専門性、技術性は、情報と意思決定の結節点にいるものに実質的な権力を集中させてしまう。

権力現象は、立場や地位の優劣関係の中から生じるから、民間においても、たとえば親会社や元請け会社と子会社や下請会社等との間のように、力をバックにふんぞり返る者と、頭を下げ、もみ手をして擦り寄る者が生じるという図式は良く見られる。

しかし、行政の世界では、このような現象はさらに著しい。その原因は、市場と競争を欠くため、常に行政側が優越的な地位を占め、恣意的な法令の解釈や制度の運用の下で補助金やサービスの給付、規制や取締が行われるからであるが、さらに巨大な組織では、多様な権限が保有されているため、その意に逆らった場合、「江戸の仇を長崎で討たれる」ようなことがないかと怖れられていることがあげられる。

これに加えて、わが国独特の官尊民卑思想も影響している。戦前ならいざ知らず、公務員の特権がほとんどなくなった今日でも、こういう思想が生き残っているのは不思議であるが、その原因の一部には偏差値コンプレックスがあるのかも知れない。いわゆる官僚の多くは、大学時代の成績が優れていたため、民間人の同級生たちに一目置かれ、率直な物言いがはばかられているという現象が良く見られる一方、安月給を承知で公務員となった者の中には、特権意識を振うことによって、その埋め合わせをしようという者もいるからである。

権力や権限は人間を迷わせ、狂わせる。ヒットラーやスターリンのような独裁者も、僅かな金品に心のネジをゆるまされた汚職官僚も、権力の魔力に価値観と行動を狂わされたという面では共通の要素をもっている。

第三部「生活習慣病」にあげたすべての病、「責任感欠乏症」、「腐敗体臭」、「虚言・粉飾・隠匿癖」、「臆病風邪」、及び第二部「知的発育不全」のうち、「特権意識コンプレックス」や「知的虚弱体質」などは、権力の驕りが生み出した公務員のモラルの頽廃が生んだ病である。

4　政治の歪みの反映

近代的な民主主義国家につきものの代表制民主主義は、大きな矛盾と欠陥を併せ持っている。本来は国民全体を代表するはずの政治家が、何よりも選挙を優先させるため、地域、産業、職能などの部分の代弁者となり、議会は彼ら利益代表の取引と談合の場と化しているからである。

彼らは、特定の業界や地域を対象に、財源を無視して、補助金、政策融資、規制、価格支持、税制上の特別措置などによる優遇や、公共事業による利益誘導その他のエサを撒き続ける。その一方で、必要が無くなった事業の廃止や規制の緩和については、既得権の侵害をおそれる業界の請託によって消極的な対応をとる。

このような政治からの圧力に対して、行政側の抵抗は必ずしも強くない。もともと、行政には政治の侍女という役どころがあって、政治的意思決定に逆らい難いという事情もあるが、これに加えて、クニ・ムラの施策の推進や天下り先の確保等の組織エゴイズムに対する協力の確保、官僚出身者が政界に転身することによる連帯感などを背景に、政業官の癒着は強まる一方である。

「省庁分裂症」、「一家性腫瘍」、「予算過食症」など、巨大組織がもたらした行政機関の構造にかかわる病は、このような政治の歪みに強く影響されて、症状の悪化を招いているし、「特権意識コンプレックス」、「腐敗体臭」等、公務員のモラルに関係する病にも、その悪影響の影がさしている。

第2章　構造改革と国会改革

「構造的要因」対策と処方箋

構造的な要因の病根は極めて深く、安易な解決は期待できないが、少しでもその悪影響を緩和していく途を探って見たい。

まず、行政は巨大で市場と競争に欠けることが本質的な問題であるから、なるべく行政の守備範囲を縮小して行くことが必要である。市場に委ねることが困難で、どうしても行政が処理せざるを得ないことがらについては、なるべく住民に身近な市町村に処理させれば、国民の思いやニーズが届かないといった、巨大組織の弊害はある程度解消できる。こういう観点から、「官から民へ」、「国から地方へ」という、行政改革の方向はさらに推進されなければならない。

市場と競争の欠如を補う方策としては地方への事務の再配分のほか、「行政の理念の見直し」が必要であるが、この点については「私の行革論」で詳しく述べよう。

公務員を権力の驕りから解放するためには、行政手続制度の定着などにより、行政の恣意を制限するとともに、公務員の優越感や劣等感を刺激する身分的、制度的な壁を取り払って行くことが必要である。具体的な方策は第二部に示したが、開かれた公務環境を形成し、行政の担い手を重い「生活習慣病」から解放することは、国民にとっても、公務員にとっても急務であろう。

政治のあり方も見直して欲しい。今日の政治は、国民の総意を代表するという本来の役割を忘れ、与党は各省庁と癒着して業界や地域エゴの実現に狂奔し、野党は、国民年金未加入問題の追及ぶりに見られるように、政策論争を忘れて、枝葉末節の揚げ足取りに重点を置き過ぎている。

行政との関係で改革が急がれる問題としては、法案や予算案の原案作成から決定までのプロセスの改善があげられる。事務次官会議を頂点として、各省庁間と与党が密室の中で完成度を高めていく方式は、法的整合性や細部の完璧性にこだわるわが国の風潮を巧みに利用して、本質的な問題を議論する途を狭めているという点で、国民を蚊帳の外に置くためのトリッキーな慣行になっている。細部の整合性を整える前に、本質的な問題について国会の委員会などのオープンな場で、国民に分かりやすい形で、自由闊達な審議を行うような制度、慣行を形成して行くことが望ましい。

猫に鈴をつけるような話であるが、国会議員の定数が削減できれば、「予算過食症」はかなり改善できる。議員に支払われる歳費や調査費が節減できるといったケチな話ではない。与党の議員が政府とは別に、党やその部会という権力集団を形成し、予算の増加や行革反対の圧力をかけ続けるという構図を断ち切れるからである。大雑把な話ではあるが、陣笠クラスでも一人数億円、中堅クラスでは数十億円、派閥の領袖クラスになれば数百億円単位で、歳出増加の圧力をかけ続けてきたのではなかろうか。与党の議員は全員政府部内において何らかの要職に就くということになれば、無責任な「予算過食症」の進行が食い止められると考えられる。

これら、行政の病理の構造的要因は、直ちにその改善を図ることは困難にしても、その発生構造を認識し、その弊害の極小化を図るよう、常に留意されなければならない問題である。

第六部　行政改革の病理学

行政の病は、その運営の非効率化やサービス水準の低下を招くばかりではなく、国民の手かせ、足かせとなったり、貴重な資源や財源を浪費することによって、社会経済の発展を妨げ、重大な国家的損失をもたらし続けている。

行政改革が重要な政策課題になり続けているのはこのためであるが、皮肉なことに、改革自体も同じ病の影響を免れることができない。このため、改革はしばしば迷走、挫折し、その場しのぎに終わったり、甚だしい場合には、本来整理されるべき権益の延命や強化をもたらすなど、いわば「改革の失敗」を生んでしまう。

第1章　行政改革失敗の原因

うわべだけの鬼退治ゲーム

行政改革を妨げる主犯はクニ・ムラ、つまり各省庁と官僚及びそれを取り巻く行政依存産業の抵抗であるが、そればかりではない。政治家達は、国民のウケを狙いつつも、支持基盤である業界や地域の栄養源である既得権益を枯らさないようにと腐心する。マスコミは、そのセンセーショナリズムから、本質的な議論よりも「見出し」になるトピックを追いたがる。

そういう思惑が交錯する中で、行革は国民のためという本来の目的をどこかへ置き忘れ、うわべだけの鬼退治ゲームと化してしまう。もちろん、人畜に害がある鬼の追放ならば結構な話であるが、抵抗の小さな組織を生け贄《いにえ》にしたり、制度のささやかな手直しでお茶を濁すなど、見せかけの改革で点数を稼ぎ、その蔭で本当の鬼達は巧みに姿を変え、しぶとく生き残ってしまうことが多い。

筆者は霞ヶ関に三十二年余り勤務したが、その半分以上の期間は、直接、間接に行政改革や行政運営の改善に携わって来た。したがって、その病理現象をあげつらうことは、それらを克服できなかった自らの非力さ、無能力ぶりを告白することに外ならず、内心忸怩《じくじ》たる思いを禁じ得ないが、あえてその恥をさらすことによって、行革の進め方に一石を投じることができれば幸いと考え、本稿を起こすこととした。

まず、論議の過程に焦点を当ててよう。

改革を妨げるキーワード

○総論賛成・各論反対

良く知られているように、論議の過程における特徴的な現象は、「総論賛成・各論反対」である。行政の評判が悪く大きな不合理とムダがあることや財政が破綻状態にあることは、全ての公務員に自覚されている。それに一市民の立場に戻れば、お役所仕事に悩まされることも多いから、改革は当然必要と考えられている。しかし、自分の体臭、異臭には気がつかないものだし、顔を利かせて特別に便宜を図ってもらうというウラ技に長けている彼等は、自らのクニ・ムラにかかわる問題で苦労をした経験がないから、批判の目を内側に向けることはなく、改革といえば、他の役所のことと考えている。

かつて、ある新聞が、霞ヶ関の課長クラスを対象に、行革の実現可能性についてのアンケート調査を行ったことがあった。一般の官僚が強気つまり実現可能と考えていたのに対し、行革を担当していた行政管理庁（当時）の幹部に弱気な者が多いことが批判されていたが、実は各省庁の幹部達が断行すべきと考えていた改革とは、他省庁のことだったのである。同様に、第二臨調の事務局は、各省庁の職員の混成部隊であったが、農林水産省からの出向職員が運輸省（当時）の許認可件数の多さをあげつらえば、運輸省の職員は農林水産省の補助金の多さを冷やかすという類の一幕もあった。

大蔵省（当時）の振る舞いも矛盾に満ちていた。歳出の削減を役割としている彼等は行革サイドとは友軍関係にある。しかし、改革案が具体化し、彼らの権益に影響が及びそうになると態度が豹変した。緊密な協力関係にひびが入るだけではない。たとえば、筆者が会計課長を務めていた際にも、予算を握っている主計局筋から呼び出され、あなたのところの○○氏はやり過ぎではないかと、脅しまがいの忠告を受けたこともあった。

このようなエゴイズムは、審議会に参加している専門委員や参与も汚染していて、ご自分の関係する組織にかかわると、とたんに別の顔を見せる人もいた。陰に回って、この問題を取り上げるなら他の分野の改革に協力できないと圧力をかけたのである。

業界や地域団体の対応も良く似ていた。決議や要望書にはもっともらしい改革意見が書かれていても、個々の改革案が表に出ると、訪ねたり、電話して来るのは、反対や特別扱いを求める方ばかり、どこで調べて来たのか、友人や知人まで反対のための陳情に動員して来る。改革を公約にしているはずの国会議員も同様で、中堅や陣笠クラスは、直接泣き落としや脅しに来るし、大物ともなれば、代りに秘書達がやってきて、こういうことになるとうちの先生は非常に困った立場になるとナゾをかける。行革に携わると、友人を失い、人間不信になるという話はあながち誇張ではなかった。

○低い相場感

行革といえば、ムダ、ムリ、ムラを減らすことと思われている。もちろん、それらは初歩的な課題であるが、それだけではなく、膨れ上がった行政の守備範囲を縮小し、皆で痛みに耐えなければ実効ある改革は実現できない。ところが、霞ヶ関にはそういう意識、覚悟はほとんどなく、誰の目にも分かるほど優先度や存在感が低下したものを切り落とせば足りる、難しい問題なら一歩ずつ改善していけばいいという相場感があり、これも改革を妨げて来た。

あの土光さんですら、当初はそんな感覚だったらしい。第二臨調会長をお引き受けいただいた後のある日、「会計検査結果を見ると、たった八%の抽出調査で、五千億円のムダが明らかになっている。全部洗い直せば、六兆円くらいの節減はすぐにできる」とテレビで語られていた。検査結果を伝える新聞の見出しだけを見れば、そう受け取られるのはやむを得ないが、五千億円の大部分は手続にかかわる不適正経理で、節約できる金額ではなかったし、抽出率も調査対象事業所ベースの話で、金額ベースなら約三〇%になる。上司に相談したら、君が行って説明して来いというので、初めて二人きりでお目にかかり、新聞記事のカラクリをご説明した。

話を聞かれた会長は、この中で節約可能な金額はどの位かと問われたので、せいぜい二、三百億円程度ではないかと申し上げたら、憮然とされたご様子だったが、後刻、このことを会計検査院長に直接確認され、改めてフンドシを締め直されたようであった。

土光さんは、お亡くなりになるまで、お目にかかるつど、君には世話になったといわれたが、答申の中味で、褒められるほどの働きをした覚えはなく、この一件のことだったと思っている。

こんな思い違い、つまり行革とは小さな悪鬼を退治すること、麻雀でいうハジパイを切るようなものだという相場観は、改革に当たる側も汚染していた。たとえば、第二臨調で特殊法人を担当していた筆者は、全法人をマナイタの上に乗せ、その存在理由から問い直す議論を展開したが、改革側の最高責任者であった上司からは、そんな真似をして、本当に火がついたらどうするのかと叱られた。当方は火がつくことを期待していたのに、である。答申を終えた後の打ち上げの席上、筆者は各省庁と政治の抵抗や内部の裏切りによって、多くの課題が掌から漏れてしまったことを悔いていたのに、その上司からは、やり過ぎだと皮肉をいわれたのも悲しい思い出である。

○根強い横並び意識

行革は政策課題の見直しにまで踏み込まなければ達成できないことまでの理解は得られても、具体的な改革案につなげることは容易ではない。その原因は、各省庁が推進している施策が既に時代遅れとなり社会のニーズからかけ離れていることや、コストに比べて効果が小さいこと等を、タテ割りの政業官の複合サークルの中で特定の価値観で凝り固まっている方々に御理解いただくことがそもそも困難なことであったが、それに加えて、特殊法人、補助金、許認可などの政策手段を廃止しようとすれば、それらの創設に尽力してきた、いわばドンとでも言うべき有力政治家の顔を潰すことになり、折衝の相手側の立場を著しく損い、クニ・ムラの中での居心地を悪くするからである。

したがって、この種の抵抗を最小限に抑えるためには、横並びの確保が大事な課題になった。他の省庁もやられているからとか、皆お付き合いしているのだから、という弁解が組織内外の抵抗を和らげ、折衝の矢面に立たされた担当者に対する風当たりを減らすからである。これまで、定員の計画削減を初め、一省庁一局削減、一省庁一法人廃止などが実現し得たのはこのためであるが、こういう手法は、含み資産の多い古い省庁に有利に働くという歪みを生むほか、強い抵抗をする省庁が一つでもあれば、そのために全体の改革が頓挫する等の弊害も生んでいる。

○理由なき抵抗と情報隠し

改革案をめぐって、激しい論議が行われるのは当然である。これは、どんなに苦労してもさわやかな疲れを伴う作業であり、お互いの立脚点や認識の違いを明らかにして行くことによって、思いがけない解決案が見出せるといった楽しみもある。

逆に、最も疲れるのは、単に「改革は困難である」「勘弁して下さい」と繰り返すだけの相手との折衝である。問題提起にはほとんど耳を傾けず、原理原則論や現行法制の枠組みに固執する連中もこれに似ていた。

こういう手合いに共通しているのは、背後に強力な政治家や圧力団体が控えているため、その意向に反した意思決定ができないことである。もともと役所自体が政業官の複合サークルの法務部程度の機能しかもたず、当事者能力に欠けているから、押し問答するしか芸がなかったのであろう。

議論に負けたくなければ、情報隠しが有力な戦法になる。隠すというよりも、そもそも都合の悪い情報は把握したり、分析しようとしないのが彼らの流儀である。政業の庇護と圧力の下に安住し、見直しや改革を行うという志がなければ、外部からの批判のタネになる情報など全く無用なのであろう。彼等は時として、ヒアリングの拒否という行動に出たこともあったが、こういう非常識な対応は、行革の推進側がいかになめられているかということと、抵抗勢力側にいかに自信がないかを物語るものである。

このように、籠城作戦をとり原理原則のお題目しか唱えない相手に対しては打つ手が乏しく、状況証拠を積み上げて問題点を指摘し、反撃を待つしかないが、この種の議論に対して、世論は意外に注目してくれない。先年の規制改革推進会議のワーキンググループは公開討論の形で行われ、毎回、大勢の記者たちにとり囲まれながら議論していたが、その内容が記事になることはあまりなかった。彼らの沈黙戦術は、マスコミや世論の無関心にも支えられているのである。

○大石と小石

制度や組織は大きくなるほど潰し難い。囲碁に大石は死なずという格言があるように、大きくなれば防御のために動員できる人材、人脈、資金なども豊かで、逆襲して改革そのものを潰したり、どこかで目をもって生き延びる可能性が高いからである。

改革側にも先のような相場観があるから、大石を眼前にすると、初めから無力感やためらいをもつようである。第二臨調における特殊法人改革に際しては、当時の日本開発銀行、日本住宅公団等は、どのような見地から見ても、官の事業として存続する必然性は認められなかったが、議論を開始してみると、友軍側に本気に取り組もうとしない者が多過ぎた。ハジパイから切るという霞ヶ関の常識からすれば、各省庁内において、最も大事にされている法人に手をつけようという議論は暴論に映ったのであろう。

もっとも、相手が小さければ改革が行いやすいというわけでもなく、防御側の抵抗は、勝るとも劣らないのが常であった。

大きな組織、制度の場合、世論に叩かれ慣れているし、関係者が多いため防衛責任も分散している。たとえ廃止、縮小に追い込まれたところで特定の誰かの責任になるわけではない。ところが、小さな組織、制度の場合、対応は課長クラスに任されている。背後にいるドンも特定している。戦さに負けドンの顔を潰せば、その課長は無能のレッテルを貼られ、回復不可能な損害を被る恐れがあるから、死に物狂いの抵抗が行われるのである。

ところで、各省庁の大臣官房は、クニやムラの権益の総元締めとして、最大限の防御に努める一方、内閣の一員として行革を進めざるを得ないという立場からは、ある程度の成果を挙げざるを得ないというジレンマを抱えている。そこで、改革の矛先をハジパイである小さな組織、制度に誘導しようと試みることもあるが、うっかりその誘いに乗って大汗をかいたことが少なくなかった。
○推進側の足並みの乱れ
推進側の足並みの乱れも、一種の病理現象である。抵抗側の切り崩しが功を奏した例もあろうが、より根本的な病因が横たわっている。

抵抗勢力の陣営は、有無相通ずる元々の仲間であり、守ろうとしているものも権益、実利であるから分かりやすく、その結束力は極めて強い。これに対する推進陣営は、突然召集された混成部隊で、お互いの気心も知れていないし、思惑や戦術も違う。それぞれが携えて来た武器も、理論や大義名分など抽象的なものに過ぎないから、議論のタネにこと欠かず、遠心力が働きやすい。

その上、言論による空中戦の際は優勢に見えても、具体的な成案を得るための地上戦になるにつれ、戦況は次第に劣勢になるから、改革の目標や手順、重点、突破口をめぐって、内輪モメや張り合い、先陣争いが起こりやすい。かつての全学連三派系は本来の敵と戦う前に内ゲバで消耗し、自滅して行ったが、その故事を笑えないのである。

筆者も幾度か行革のための会議に参加・関与したが、改革の対象である抵抗側からの反論よりも、本来は味方であるはずの改革側から議論を妨げられた経験が少なからずあった。道路公団改革に際しても、推進委員会は分裂してしまったが、無駄な道路は作らない、債務や通行料等の国民の負担は最小限とするという点では、スタンスの差は無かったはずである。

第2章　矮小化する改革案

行革は内戦・答申案は停戦協定

行政改革は、推進側と抵抗勢力のバトルという形で進んで行く。推進側の主なアクターは、首相及び彼をサポートする審議会や委員会、財界首脳及び恒常的な推進組織としての内閣府や総務省の部局である。これに対する抵抗勢力は、クニ・ムラ及びその応援団である族議員及び個別の業界や圧力団体であり、その結束力は堅く政官業の鉄のトライアングルと称されている。

この構図が大きな矛盾を孕《はら》んでいることは自明である。政界も財界も、推進側は抵抗側と同じ根をもっているし、内閣府等の部局も官僚機構の一部に過ぎないからである。したがって、戦いは骨肉相はむ内戦的な様相が強く、どこで折れ合うかが焦点になることが多い。審議会の答申等も、第二臨調このかた実行可能性が重視され、閣議決定によって最大限に尊重されることになってからは、両者間の停戦協定という性格が強くなった。

行革に関する答申、閣議決定等には、筆者自身も様々な形でかかわってきた。

それらは、推進側の、大きな成果を謳い上げ見栄えを良くしたい、あるいは、せめて改革の糸口・橋頭堡だけでも築いておきたいという思惑と、抵抗側の、本格的な変革を拒み、将来にツケを残さず、既得権の侵害を最小限に食い止めたいというホンネが絡み合って形成された停戦協定であるから様々な矛盾が反映している。

もっともそれらは、その時点においては、最善とはいえないまでも、ギリギリの努力の結晶でそれなりに心血を注いだ産物でもあった。だから、その矛盾を病理と決めつけることに、ためらいがないわけではない。しかし、行政の抱える構造的欠陥はますます深刻になり、改革の必要性は、もはや問題提起や小手先の手直しでお茶を濁す段階を過ぎている。そこで、本稿においては、この妥協自体をマナイタに上げその問題点を指摘することとしたい。

官庁文学の粋としての答申

○先送り、尻抜け、玉虫色の決着

改革案の作成に際して、普通に見られる妥協が「検討する」「見直す」「〜までに結論を得る」等の先送りである。一方、具体的な方策を打ち出しながらも、逃げ道を残せるよう、あいまいな表現や、同床異夢的解釈の余地を残すのが、尻抜けや玉虫色の決着である。

官庁文学の独特のいい回しも一役買っている。たとえば、「ものとする」などの表現には、言外にやらないこともあるという意味を含んでいるし、「最大限の努力」は、全力を傾けるような印象を与えながら、努力してできることだけしかやらないという消極的な意味合いが強い。「原則として」「〜を除いて」などという尻ぬけも、原則と例外の逆転現象を招くことがあるので注意が必要である。

これらは、モメゴトの処理に際して一般的に用いられる手法であるが、省庁間の権限争議のように力関係が互角であれば、いずれ延長戦が行われて何らかの決着がつく。しかし、行革の場合、政治や世論の風向きが変って関心が別の課題に移行したり、推進側の担当者が変わって力不足になることなどにより、サボタージュされたまま、抵抗側を利する結果に終わることが多い。郵政民営化をめぐって、抵抗勢力がシャカリキになった理由は、小泉総理の在任中さえ乗り切れば、後は安泰と高をくくっていたからであろう。

今日の最大の政治的課題になっている年金については、既に二十年以上前の第二臨調基本答申において、「高齢化と制度の成熟化により、現在の給付水準と負担の関係のままでは将来の年金制度は危機的状況を迎える」との厳しい認識が示されていながら、最終答申における改革案は「将来の一元化を展望しながら早急に検討に着手し、成案を得ること」に止まってしまった。同じ答申による特殊法人等によるハコモノの建設中止は「原則として」の五文字が入ったために増殖を止められず、国民に損失をもたらし続けた。

このように改革案やそのフォローが甘く、場当たり的な対応を許したことが、事態をより悪化させていったといえる。近年の道路公団民営化や規制改革に関する答申を含め、妥協による停戦協定が後世に先送った実害は枚挙にいとまがない。

○数合わせ

数合わせもしばしば登場するカラクリである。行革の成果は、定員、組織、許認可、特殊法人、補助金等、具体的な数の削減によって評価されることが多い。改革の目的が国民のための行政の実現から、鬼退治ゲームになってしまうのはこのためである。

数合わせの論理は、いろいろな誤りと矛盾を含んでいる。その一は、行政機関や法人は一概に少ない方がいいとはいえないことである。もちろん事務・事業や権限を縮小し、スリムになった組織を統合するのは当然であるが、それらに手をつけないまま統合を行っても効果はないし、局長や課長が廃止されても、代わりに審議官や室長が置かれるのでは、組織がより複雑になるだけである。また、血も通わなければ小回りも利かないマンモス官庁が誕生し、権限や資源が独占されれば別のデメリットも生じる。国鉄や電々公社などは、そういう弊害を排除するために分割されたはずである。

その二は、数え方の非論理性である。たとえば許認可や経済構造特区については、鯨一頭もメダカ一匹も同じ一件として数えられているが、車検、運転免許等の広く国民一般に不便をもたらしている大物と、例外的なあるいは軽微な手続を同列に扱うのはナンセンスである。当然、後者の整理や創設の方が容易だから、何百件の整理などと喧伝されるが、国民に改革の実感が湧かないのは当然である。

○看板の掛け替えと焼け太り

看板の掛け替えも悪智恵の一つである。不必要だ、非効率だと世間で評判が悪い制度や法人などを廃止する一方で、それと良く似た仕組みをこっそりと作るという手口である。噴飯ものは農林水産省などの補助金で、名称から受ける印象はまるで別物でも、中身はどれも農道や林道の建設を主としているものが多い。

特殊法人等の中には、名称や事業内容が変わっても、天下りの仕組みや職員構成は昔のままという事例が良くあった。そもそも特殊法人という仕組み自体も、新設が規制されれば認可法人に代り、その規制が強まれば、公益法人にその機能を代替させてきた。近年は、独立行政法人が大流行であり、特殊法人や国の機関からの移行が進行しているが、看板の掛け替えである可能性が強い。

改革に伴う焼け太りも良く見られる。特殊法人等のスクラップ・アンド・ビルドに際しては、小さなあまり機能していない法人を廃止して、大きな予算と天下り先を伴う法人が設立されることが多かったが、それでも法人の廃止は改革の成果に含められた。最近設立された独立行政法人や国立大学法人についても、国の機関等であった時に比べて、役員数が増えている例が多い。法人化により、経営の自主性、独立性が高まり、トップマネージメントやその評価機能の強化が必要であるとの説明だろうが、それが本当なら適材適所の人事が行われるべきであって、実態は焼け太りに他ならない。

大河のような抵抗勢力

国家的、国民的見地から、総論としては改革の必要性が大きいものの、アクター達の力関係では、各論側、抵抗側が圧倒的に強い。抵抗勢力とは大河のようなもので、常に新たなエネルギーが供給され、間断なくその圧力を増して来る。改革とは、その流れを食い止めようとする必死の作業であるが、停戦協定という堤防は、小さな蟻の一穴や、溢れたり、地下を伏流して来る水に脅かされる弱点に満ちている。そして世論は、年金や累積債務に典型例を見るように、堤防が崩れ災害が現実のものとなるまで、その危険に無頓着なのである。

このため、責任ある立場に立てば、「改革を止めるな」とその必要性を声高に叫ばなければならないが、実際には実現は困難である。しかし、失敗を認めれば政治的責任が追及されるので、僅かな前進や玉虫色の解決を成功と強弁せざるを得ない。このあたりが、行政改革をめぐる病理の本質的な部分である。

行政のプロの欠如

これまでの行革が必ずしも成功しなかった大きな原因は、推進側を弱体なまま放置して来たことである。継続は力なりといわれるが、既得権益を守り抜こうとする抵抗勢力は専門家集団であり、総体として強い継続性をもっている。これに対して改革側は、臨時に寄せ集められた素人集団に過ぎず、初めから勝負にならないのである。

内閣府や総務省の職員がいるではないかといわれそうだが、たとえ知識、経験、戦術等には長けていても、官僚の一員であることに限界がある。抵抗側のクニ・ムラの幹部と似たような出自と感覚をもっているからではない。そういう問題もあるが、官僚という存在は、どのような仕事を命じられても、状況に応じてそつなくこなすプロなのである。これは、改革者の資質とは明らかに異なるし、自らの専門的能力や実績で世渡りできなければプロとはいえない。まして自らや部下たちの退職後の身の振り方まで抵抗側のお世話になるような現実があるなら、大きな期待をされる方が無理なのではないか。

行革がその場しのぎの鬼退治ゲームではなく、真に国民のニーズを実現する方途であり、それなしではわが国の将来を危うくするものであるとすれば、その対策も抜本的、総合的なものでなければならないが、その一方で、実現可能性を考慮すれば、ドラスティックな外科手術は困難であり、生活習慣病の治療と同様、根気良く体質改善に取り組んで行くしか方法がない。

停戦協定を一時しのぎに終わらせず、改革の一里塚として機能させて行くためには、各省庁と互角に渡り合える継続性、専門性をもった行革のプロを社会的に育成することが不可欠である。各論優先の意思決定構造と国や国民全体の利益との矛盾は今後とも深まって行くだろうから、その需要は当分続くだろう。複雑な行政を現実的に改革していく機能は、地方公共団体においても不可欠であるし、独立行政法人の監事等の役割でもある。また、企業の社会的責任、役割が問われている今日、金銭で表現できない価値の的確な評価という観点からは企業にとっても重要な機能になろう。

もし内閣に、本気で行革に取り組む気があるならば、改革のプロを官僚社会の中に埋没させてしまうのでなく、彼らの専門的能力を社会全体の中で活かすキャリアパス、すなわち仕事の経験を積ませながら人材を開発し、活用して行くルートの開発と活用に着手すべきである。

行政改革は、今後とも、重要な政策課題になり続けるはずである。そうだとすれば、その過程に顔を出す数多の病理現象の克服にはもっと関心が払われなければならない。

おわりに　私の行政改革論

本書では行政の病理現象を個別にとりあげ、病の性質別に対策と処方を示してきた。しかし、行政は有機体のように複雑な存在で、その病も生活習慣病のように、様々な因果関係が絡み合って発生している。そこで、最後に、行政の病理を根本的に改善するために最も大事な課題を整理して見ることとした。

行政改革は、実は著しく困難な課題である。いつの世にも行政に対する不満は充満しているし、今日のように社会経済の変化が大きな時代には、国民のニーズとの乖離《かいり》は広がって行く一方だから、誰もが改革を声高に叫ぶ。しかし、その一方で、いわゆる政業官の鉄のトライアングルに、学者、マスコミ、それにアングラのその筋までが寄生しているという構図もある。

古い理念や思いこみに支配されて現実を見ようとせず、既得権から甘い汁を吸い、利益や権威を守られている力のあるグループは、見せかけの看板の掛け替えや数合わせはともかく、災いが既得権の本丸に及びかねない本格的な変革には背を向け続ける。

しかし、その間にも矛盾は深まり、病は進行して行く。生活習慣病はサイレントキラーといわれるように痛みや不快感は伴わず、症状が自覚された時には手遅れになっていることが多い。行政の病も同様で、たとえば財政状況については、いくら巨額の債務が累積しても国民の日々の暮らしには影響しないため、ほとんど関心を集めなかった。

最近、この流れに変化の兆しが生じてきた。そのきっかけは年金である。先にも紹介したように、年金の設計については、二十年以上も前から何度もイエローカードが出されていたが、多くの国民にとっては他人ごとだった。しかし、今や給付額の削減や掛け金の増額など、遠からずわが身にふりかかる損失との認識が深まり、このような事態に陥った蔭には、情報隠しや問題の先送り、積立金の恣意的な流用などの病理があることにようやく気づき、平成十六年の参院選における投票行動に反映したのである。

また、十七年の衆院選において、小泉自民党が圧勝したことは、国民の大部分が郵政民営化に象徴される構造改革を熱烈に支持していることを物語っている。

もっとも、国民の大部分は、熱しやすく冷めやすい、だからこういう流れが一気に加速するとも思われないが、行政のいかがわしさに向けられた疑いの目はことあるたびに厳しくなり、政治の監督責任を追及する声が強まっていくに違いない。そうなれば政も、官と癒着して「見せかけ」や「馴れ合い」の対症療法でお茶を濁せばわが身が危うくなる。業や学、マスコミはもともと利己的な動機や日和見主義、勇気の不足などから付和雷同していたに過ぎないから、政官の関係が緊張すれば寄生は難しくなる。

このような形で、これからのわが国では、本質的な行革に取り組まざるを得なくなるのではなかろうか。そういう期待を込めて、体質改善のための急務、つまり本質的な行革の課題を取り上げることとしたい。

1　行政の論理の再構築――神話からの脱却

行政の病理の相当部分は、行政についての偏った、あるいは誤った認識や考え方に影響されている。それらはまるで天動説のように、現実の観察に基づかない非科学的な論理であるが、それだけに単純で素人分かりしやすいことから、ためにする議論として利用され、既得権の擁護に貢献してきた。実効ある行革を実現するためには、たとえば次のような論点を中心に、これまでの神話に近い硬直的な論理から脱却する必要がある。

①行政をめぐる理念の見直し

これまで、行政は公権力の行使という面にスポットライトが当てられ、国民の権利、義務との関係や所得、資源の再配分という観点から、厳格な手続と公平無私な取り扱いが求められてきた。

行政の一部にこのような側面があることは間違いないが、今日の行政は、そういう分野をはるかに超えて拡大しており、「市場の失敗」を補完するサービス業的公益事業として捉え直した方が適切な部分が大きくなっている。したがって、それらは民に移管されるか、少なくとも民との協働によって実施されるべきであるが、諸般の事情により、官の手によって行われる場合でも、その指導理念は、順法や管理ではなく、効率と効果、経済性、顧客の満足等の観点から再構築されなければならない。

たとえば、これまで行政法はいわゆる公法に分類され、厳格な手続と公平な取扱が基調とされてきた。こういう取扱がふさわしい分野もあるが、サービス業的な分野にまで、同じ取扱を求めることは適当ではない。常識と効率を優先して行政運営を行うため、見直すべき必要があると考えられる。

②完全主義神話の払拭

行政の世界において信仰されている神話のうち、最も罪深く、数々の病理の原因となっているものが完全主義である。行政は完成したシステムであり、その設計図からの逸脱は好ましくないという考え方は、既得権の亡者を利し、改革と改善を妨げ続けて来た。

現実は多彩で、施策や法規の立案時には想定できなかったことが発生することは当然であるし、大量現象である行政には欠陥や失敗がつきもので、むしろ試行錯誤的に欠陥を是正していくことこそ重要である。また、模範解答や前例はその時点における最善の解決策であったとしても、唯一の方策ではないことを謙虚に再認識する必要がある。

細部の一貫性や整合性を過度に尊重する習慣も、完全主義を前提にした狭量で未熟な文化である。多様な現実の中で通用する一貫性、整合性などあり得ないはずだが、困ったことに行政を担う小役人達の頭の中には、法規や前例等で整然と構築された架空の世界があって、どのような現実でも、無理やりその構図に当てはめて解釈、処理しようとする傾向がある。このような野蛮な行為が許されるため、彼等は、タテ割りの系列ごとに定められた法令・規則を、まるで占星術師のように、外部からは理解も、批判もし難い恣意的な解釈によって運用するため、「法規・前例依存症」はじめ多くの難病が発生し、国民と行政の間を遠ざけているのである。

この神話が蔓延する原因には、正解は一つで、その他の選択肢は誤りであるとする、大学入試や公務員試験が影響していることは明らかであり、硬直的な教育の是正は急務である。

根本的な治療法としては、第二部の処方で述べた「知」の限界を認識することも必要である。残念ながら、知は万能ではない。新しい知が社会に共有されるまでには数十年のタイムラグがあり、その間、陳腐化した知が既得権集団を支え、社会の発展を阻害する。変化の激しい時代においては、既成の知に頼るだけでなく、小さな兆候からその底に隠された大きな動きを推測していく能力、いいかえれば知識に代わる感受性と洞察力が必要なのである。

にもかかわらず、わが国の高等教育における知育は形而上学で埋め尽くされており、事物の観察の仕方や認識論、意味論、コミュニケーション論など、公務員として必須と思われる事柄が欠落している。そういう状況を踏まえれば、公務員の採用に際しては、学力に偏らず、感受性や創造力を重視していかなければならないことは自明である。また、その訓練に際しては、できる限り現場からの視点で行政を見つめる努力を中心に据えるべきである。刑事警察では現場百遍が鉄則といわれている。囚われない目で犯罪の現場を何度も見直し、死角、盲点に入ってしまいがちな事実を丹念に洗い直す姿勢が公正な捜査による犯人の検挙に結びつくからであろう。他の行政分野でもぜひ現場を重視する精神を尊重していって欲しいものである。

③国家目標を表す指標の開発

今後のわが国が目指すべき国家目標の明確化とその実現度合いを示す新しい指標の開発

も必要である。政策の形成に果たしている各種指標の役割は極めて大きいが、ＧＤＰや失業率などの経済指標ばかりが発達し過ぎているきらいはないだろうか。もちろん、それらが不必要だと主張する気はないが、経済ばかりが強調される結果、政、業、学、マスコミ等は、揃いも揃って経済発展至上主義に傾き、ことあるたびに財政出動を求め、債務を累積させながら、環境、景観、国民生活等にマイナスの影響を及ぼし続けてきた。

貧困にあえいでいた時代には、経済成長が重視されてきたことはやむを得ないが、いつまでもそのトラウマに囚われていれば、国民のニーズとのギャップは開くばかりである。ＧＤＰに代えて生活の質を表わす指標が必要だという主張は、最近はあまり口にされていないが、おそらく多面的な価値を一つの指標に表わすことが著しく困難で、どんな試みをしても弱点が目立つからであろう。

しかし、ＧＤＰ（国内総生産）やＣＰＩ（消費者物価指数）など、今日では誰にも怪しまれずに使われている道具も仔細に見れば難点だらけなのである。「予算過食症」等の進行に歯止めをかけるためには、生活の質や文化の水準、環境などを表現するモノサシ、新しい指標を開発し、少なくとも経済指標と共存させていくべきである。このような指標が開発されれば、たとえば陳腐化した長期計画の矛盾なども浮き彫りになり、その見直しが進むはずである。

④法令の整理

陳腐化した法令の整理による行政の合理化は、地味で困難な課題のためか、あまり議論はされていないが、実効ある行革のための重要な方策である。

法令の異常増殖にはれっきとした原因がある。戦後、法律に基づく行政が強調されたあまり、本来は行政の弾力的運用に委ねられるべきことがらが、何でもかんでも法律で定めることが流行したからである。一見、民主的に見えるが、いったん法律という形で定められると、その改正には大変なエネルギーがいるし、先にも指摘したように、制度ができれば必ずそれにかかわる既得権産業が形成される。また、本来必要な改正であっても、野党は駆け引きのタネとして活用するなどの問題もあって、現実の変化に対応できなくなる。その結果、法律と慣習のギャップが開き、順法精神も低下する。それに、公務員達が、法律、政令、府省令のほか、通達や行政実例なども含まれる膨大な例規や前例に埋もれて身動きできなくなっている環境も改めなければならない。

これらの例規は、データベース化などの整理も不十分で、外部からはその全貌の把握や理解は困難であり、このような不透明な状況もいくつかの病理の原因になっている。まず、「法規・前例依存症」のもたらす硬直化した運営が挙げられるが、その他にも、制度上は分権が進められても、本省と地方の間に情報量の格差に基づく上下、主従関係が残ってしまうこと、一般の住民と政治家の口利きへの対応を、詭弁的な論理で使い分けること、特定の事務を長く担当した者が、故事来歴に精通していることだけによって大きな力をもち、半永久的に飯のタネとなる一方、彼らの存在のために、行政の改善や改革が妨げられることなどの弊害はその一例である。

予算・会計、人事、文書、財産管理等の共通制度についても、抜本的な見直しを行うべきである。これらの分野にかかわる法令は、国民や公務員は性悪だから、幾重にも厳格な管理を行わなければならないという論理構成になっており、公務を効率的、経済的に行ったり、国民に対するサービスを向上させようという発想を欠いている。たとえば、予算会計制度は、複雑な例規に基づいて、がんじがらめになっており、その結果、タイムリーな支出や、行政需要の変動に合わせた移流用ができないため、不正経理や年度末のムダ遣いを誘発するなど、ろくな結果を生んでいない。

効率的、効果的な支出のためには、細かな事前規制は極力廃止し、現場の管理者に一定の裁量権を与え、その使途をガラス張りにして、行政目的の達成度やムダ、非効率の排除といった視点から厳格にチェックして行く方がはるかに効率的である。

ハコモノについても、作りまくった責任は別にしても、住民にあまり活用されていないのはいただけない。その原因も、使い勝手を無視した管理優先の硬直的な規則とその運用にあるようだ。

人は誰でも、他人に権限を行使したり、意地悪をすることで優越感をもつ一面があるが、これらをめぐる法規は、事務担当者のそういう性癖を助長しつつ、わざわざ公務をやりにくくし、国民に対するサービスを低下させている。

近年、公務員の総人件費の削減が大きな課題になっているが、法令の整理、合理化により、公務を歪んだしきたりから解放すれば、複雑で無意味な事務に従事する職員の大幅な削減による膨大な人件費の削減が可能になるはずである。

2 クニ・ムラ体制の解体

行政の病理の発生構造を見ると、巨大組織の弊害など、国の存在やその体質が寄与している面が大きく、その改善のためには、後述の地方分権の推進と並んで霞ヶ関の改革が欠かせない。

霞ヶ関の抱える本質的な病因として、本書がしばしば指摘しているクニ・ムラ体制とは、各省庁の公務員が、事務官及び各種技官ごとに形成している人的グループといえるが、その範囲は現役の公務員に止まらず、人脈を通じて政界、業界、学界等に拡がり、一部は彼らとしっかり癒着している。

クニ・ムラのトップは、次官や技監、局長、小さなムラでは部課長のように見えるが、ドンとでもいうべき有力なOBが強い影響力をもっていることもあり、行政改革等、直接クニ・ムラの利害にかかわる問題や最高幹部の人事については、次官や局長の当事者能力が制約されていることさえ稀ではない。

一方、ノンキャリアの集団はポスト面では冷遇されているが、キャリア達の関心が薄い経理等の実務をしっかりと掌握し、別の形のムラを形成していることもある。先年、外交機密費の不正流用をめぐって、外務省におけるキャリアとノンキャリアの共生関係が明るみに出たが、厚生労働省等においても、ノンキャリアのムラの力が強いようだ。

公務員の人事は一般にクニやムラごとに行われ、クニ・ムラへの奉公に対する御恩という形でポストが与えられている。その範囲は退職後に及び、いわゆる天下りの大部分は、クニやムラの内部における異動と見て差し支えない。

彼らは、先輩、後輩のつき合いを縦軸に、利害関係を横軸にして、政・業・学・マスコミ等を含め強い絆で結ばれており、人事や政策上の意思決定に大きな影響力をもっているため、個々の公務員も省庁や部局よりも彼の属するクニやムラに強い帰属意識をもっている。

霞ヶ関の官僚の中にも、広い視野と弾力的な思考力、温かい心と冷静な頭をもっている者は少なくないから、もし、彼らに明確な権限と責任が与えられているならば、それほど無責任な意思決定をするはずはない。しかし、実際には、彼らは皆、クニやムラの方に顔を向け、その集団意思のしがらみにがんじがらめにされ、能力と良心を自ら封印しているわけである。

クニ・ムラは、制度上は権限も責任もない任意集団に過ぎないが、人事に係わるだけに各省庁の職員に大きな影響を及ぼし、その良心と責任感をスポイルしてきた。また、技官の力の強い省や局はムラの連邦のような観を呈しており、重要な意思決定はその間の取引、談合という形で行われる。時々、省あって国なし、局あって省なしといわれることがあるが、こういう実態から見れば、クニ・ムラあって、省・局なしというべきであろう。各省庁間の調整にも人事や利害が絡められ、いわばクニやムラの間の談合となることが多いため、政府全体の施策が歪められることも少なくない。

後に述べるように、公務員制度の改革は、行政の病理を是正する上で、極めて重要な課題であるが、クニ・ムラ体制をそのままにして、人事制度の手直しを行うことは、いわばオンボロ水道の元栓を全開にしたまま蛇口を閉めようとする試みに似ており、その矛盾はどこかで別の形で噴出するに違いない。また、組織や運営についてどのような制度的改革を行っても、裏でその骨抜きを図るクニ・ムラの影響力を残したままでは、実効が上がらないのは当然である。

制度ではなく慣行だけに、その根治は極めて困難だが、悪影響を最小限にするために必要な処方をあげれば次の通りである。

①事務次官制度の廃止

まず必要なことがらはシビリアンコントロールの強化である。これは軍人に戦争の権限を委ねた場合、暴走して他の社会的価値を損なうことを防ぐため、最終的判断と責任を文民《シビリアン》に留保するという原則であるが、一般行政においても、専門家集団の職業倫理に任せ切りにすれば、同様の弊害が発生する。

小泉内閣が重要な機能を負わせている経済財政諮問会議などは一種のシビリアンコントロールであり、こういう機能を一層強化すべきである。

各省庁においても、シビリアンである政治家が制度上は上位に置かれているが、現実には、省庁の内部において官僚との棲み分けが行われており、しかも、政治家側はいわばパートタイマーに過ぎないのに、官僚側は在任期間が長く、その上クニ・ムラを通じた強固なつながりがあるため、力関係が逆転することが珍しくない。特に人事は官僚の聖域視され、大臣が権限を行使しようとするつど、介入と称され事件になった。

この問題を解決するために必要な方策は、大臣を補佐する副大臣等のポリティカルアポインティー（政治的任命による公務員）に所期の機能を果たさせることにある。そのためには、現役の公務員を束ね、ＯＢとの橋渡し役を務めるなど、クニ・ムラのキーマンになっている事務次官制度の廃止が有力な方策になる。その代わり、バッジをつけていない上級公務員の中から、副大臣、政務官等のポリティカルアポインティーに任用する途を開けば、公務員の士気を低下させることもあるまい。

それでは、今までと同じという疑問が起きようが、小泉内閣が郵政改革のために、元農水省幹部を起用したように、出身の省庁にとらわれない任用をするとともに、奉公の対象をクニ・ムラではなく内閣、大臣とし、任命に際して達成すべき職務の目標を明示すれば、それまでの腐れ縁から離別させることは不可能ではないだろうし、官を辞した者についても、政権の交代や彼の実績の再評価等によって、これらのポストに再任用される途が開かれれば、公務員達は「臆病風邪」を克服し、信念や良心に基づく行動が期待できるようになる。

副大臣と事務次官が並立している現行のシステムは、政治家と官僚の棲み分けによる談合体質を温存することを意味し、すべての病因を残してしまう。このように、大本を正した上で、キャリア、ノンキャリアの差別や、事務官と技官の区別を生む試験制度と年次主義などの超悪平等的な人事任用を是正すべきである。

地方においては、一般に首長の在任期間が長いこともあって、官僚の力はそれほど強くはないが、本来はシビリアンコントロールのために設置されている教育委員会、公安委員会、監査委員等の機関が形骸化し、官僚組織の審議会化している風潮は改められなければならない。

②官民交流の推進

閉鎖的なクニ・ムラ体制の影響力をそいで行くためには、キャリアによる官職の独占に風穴を開けると同時に、彼らの能力を社会的に活用するなど、官民の交流を推進する必要がある。

既に郵政公社、社会保険庁等のトップや内閣府の一部では、民間や学界から人材が迎え入れられているが、こういう傾向を拡大するとともに、局長以下のポストについても、積極的に民間との交流を図るべきである。

そのためには条件の整備が必要である。たとえば、公務を古今伝授《こきんでんじゅ》や有職故実《ゆうそくこじつ》的な一般には理解困難な原理、原則や秘儀から解放するとともに、人脈による根回しによる不透明な意思決定方法を改め、その上で、行政実例などに関するデータベースやハイパーテキストを用いたマニュアルを整備していけば、行政は専門家でなくても、民間で育った常識人にも十分担当できるようになる。また、官庁会計については、普遍性に欠ける特殊な方法を見直し、企業会計原則に準拠することとすれば、行政機関の経営の実態が明らかにできると同時に、共通の専門家の育成が可能になるというメリットが生じる。施策の広報、行政需要の把握、苦情処理などの分野においては、民間で育ったPR、マーケッティングなどの経験が役立つはずである。

その一方で、公務員の能力の社会的活用も図られなければならない。彼らの能力をクニやムラでしか通用しないいびつな形で育てるから、天下りが必要になってしまうのである。

一つの方法は地方公共団体による活用である。アメリカの州やカウンティにおいては、首長が任命したマネージャーが、プロとして行政を取り仕切っている例が多い。わが国の知事や市町村長も、住民から直接選ばれているために強いリーダーシップを発揮し、行政の革新の原動力となっている例が多いが、頑迷な中央省庁と対抗して真の自治を実現、拡大して行くためには、毒をもって毒を制するように中央省庁育ちのプロを起用することが得策ではなかろうか。これまでのようなクニ・ムラの勢力拡大に資するための天下りではなく、首長の主導の下で、現状に飽き足りない意欲的な国家公務員をリクルートし、実績による評価を行っていけば、地方側の実力向上にも役立つことになるだろう。勿論、交流は双方向とし、地方公務員にも様々なチャンスを与えるべきことは当然である。

民間部門においても、彼らが活躍できるように、能力を開発する必要がある。まず、狭い官界で純粋培養するという発想を改め、数年以上民間企業等に移籍し現場で実務に従事させ、一定の実績を上げたものを官界に戻すこととすれば、行政が活性化するとともに、官民の互換性をもった人材が育つという二重の効果が生じる。また、既に、大学の教官に転出した公務員も少なくないが、高校以下の社会科等についても、暗記物と称される歴史や地理に代えて政治、経済に重きを置くことにすれば、教諭と公務員や企業人との交流が可能になる。既得権側の抵抗が予想されるが、生きた社会の経験者に接することは生徒にとっても大きな魅力と刺激になるはずである。

さらに、行政との協働や政策の立案、評価を行うためのNPO等が形成されていけば、そこにも公務の経験を生かし得る途が開けるし、社会的な存在である一般企業においても消費者対策やコンプライアンス（法令の順守）関係等、公務によって培《つちか》われた能力を生かす職務が開発し得るはずである。

官民の交流を妨げている制度の改善も急ぐべきである。年金制度の一元化はこういう観点からも早期に実現すべき課題であるが、退職金についても、永年勤務するほど有利になったり、五十過ぎまで勤めなければ優遇されない仕組みを見直す必要がある。

③多分野の専門家の活用

行政に専門性が必要な以上、ムラを無くすことはできないかも知れない。しかし、その悪影響を中和するため、他の分野の専門家の活用を図るべきである。異分野、異業種の交流により、ある分野で培った方法論を異なった分野に応用する試みは、学界や産業界では一定の成果をあげている。

わが国の行政においては、事務官は法律や経済の専攻に偏り、技官は土木、農学、医学、薬学等、分野ごとの専門家が力をもち過ぎている。現実の社会において日々生起している複雑な諸問題に対応して行くべき行政においては、問題の発見や解明、解決策の検討に際して、多角的なものの見方が必要であるが、特定分野の専門家に委ね過ぎれば、無意識のうちにクニ・ムラの既得権益の擁護に偏ったり、集団的な思い込みに支配されるという弊害が避けられない。

自画自賛はしたくないが、筆者の専攻は地理学である。畑違いといわれたこともあったが、論理よりも現地の観察を優先し、分析よりも総合を重んじるというバックグラウンドが行政に生かせなかったとは思わない。また、旧行政管理庁等に勤務中に携わっていた行政監察という仕事は、各種の行政を第三者的な眼で見直し、より効果的、効率的な、あるいは国民サービスの向上に資する方策を探ることを目的としていたが、調査に着手した時点では、担当している専門家達から素人に何が分かるかと白眼視されたことが多かった。しかし、調査が進み、彼らが気づかなかった問題点が見出された後は、お世辞抜きの共感が得られたことも少なくなかった。

そういう意味で、行政はもっと多様な専攻分野の人材に担われる必要があるのではないか。既得権と思い込みでよどんだ循環系統の中に、多様な専門家という新鮮な血液を供給すれば、新たな活力と創造力が誘発されるはずである。

3　意思決定システムの改革

公共事業や年金等をめぐって、国や国民に大きな損害がもたらされることが明らかな無責任な計画が立案されたり、問題が先送りされてタイムリーに適切な手立てを講じられないという事態が起こっても、誰も責任を取らず、同じ誤ちが繰り返されている。

このような無責任体制の原因は、先にも述べたクニ・ムラ体制の影響のほか、意思決定の仕組みにも求められる。その一は、組織の階梯《かいてい》が長く、関与する者が多過ぎることであり、その二は、「組織内癒着症」の蔓延で、意思決定に際して、部下は上司の方針に盲従し、上司は部下の判断に依存し、揃って組織内外の空気や思惑を気にするなど、組織内の全員がもたれあい、本来個人個人が担うべき責任を集団で共有化していることである。このような仕組みは、無責任行政の原因となっているばかりでなく、行政機関や公務員を「虚言・粉飾・隠匿癖」や「知的虚弱体質」、「臆病風邪」等に罹患させる結果を招いている。

行政の現場から意思決定権者までのルートが長ければ長いほど、その途中で情報が歪んだり、減衰する。筆者自身も本庁で自らが中心となって企画した仕事の内容を、転勤して末端の機関で受け取ると、似ても似つかぬ形に変っていた例を良く経験した。たとえば、

AよりもBの方がいいというコメントがいつの間にかBでなければならないということになってしまうのである。このような硬直化傾向のほか、クニ・ムラ体制の下においては、意思形成に関与する人間が多くなるほど、各段階で一定の風向き、つまり組織の利益を優先しようという思惑という惰性が強く働き、その内容が守旧的になる傾向がある。実質的な意思決定権者が不明確で、誰も責任を取るものはいないという便利な体制が、タテマエの上では国のため、ホンネはクニ・ムラの利益という矛盾した行動を助けている。

実際、役所にはポストが多過ぎる。前にも述べたように中央省庁の場合、局長の下に、非常に長い意思決定のルートがある。

多段階の関所をもつ陣形は縦深陣地と呼ばれ、守備にとって都合がいいとされている。しかし、行政の相手は国民であって敵ではない。守りに堅いということは、国民からの遊離と同義である。

また、権限を大臣等の上位の職に集中させ、大勢の人間がそれを補佐するという仕組みは、実際の権限と責任の所在を不明確にし、形式責任と実質責任の分離を招いている。個々の職員は「責任感欠乏症」に陥り、ミスが生じてもお互いにかばいあい、失敗を認めざるを得ない状況に追い込まれた場合には組織ぐるみで総懺悔するという、誰も痛い目に遭わない責任の取り方で済まされ、その結果、似たような失敗が幾度でも繰り返され、それを誰も恥じないという、極度のモラルハザードに陥るからである。このような不透明な環境こそ、クニ・ムラの利益の優先、政治・業界との癒着など、雑菌や寄生虫が繁殖する絶好の温床なのである。

組織責任は、原則的にその長が負うこととしなければ、組織そのものが機能しない。クニ・ムラ体制の改革までは難しいにしても、せめて行政組織における意思形成過程を簡素化するとともに、各職位の権限と責任が外部から明確に分かるよう諸法令、諸規定を整備し、運用の上においても、局部長等の責任者が、最終的な責任をすべて負うことを明確にすべきである。

このような形でしかるべき地位についた公務員達の感性と良識に出番を与え、責任を全うさせていけば、様々な業病はある程度克服できるはずである。複雑な意思決定の仕組みを改め、第一次臨時行政調査会の答申にあるとおり、意思決定は、立案者、調整者、決定者の三段階にし、「決定について唯一人の責任者を定め、結果本位の責任を追及する」ように改めなければならない。繰り返し強調するが、この改革は公務員の定員の大幅な削減にも貢献し得るはずである。

わが国独特の大部屋主義や短か過ぎる在任期間も、個々の職員が自らの責任で職務を遂行する代わりに、仕事は組織で行うものという無責任な観念の流行に貢献している。

それらの改革を行った上で、意思決定者の結果責任を問えるシステムを導入すべきであろう。たとえば、重要な意思形成に際しては、その責任者と決定の理由を（できれば批判的意見や代替案等を含めて）記録に止め、後年の評価に際してこれと対比したり、著しい判断や設計のミス等が判明した場合にはその事実を公表し、必要があれば責任者に出席を求め公開の場でその原因の究明を行うなどの方策を導入すれば、名誉を重んじる官僚は、今日のような甚だしく無責任な仕事ぶりを反省するようになるかも知れないし、少なくとも、公私混同的なクニ・ムラへの配慮や政治との癒着はある程度防ぐことができる。それでも効果がなければ、意思決定にかかわった者に、瑕疵《かし》担保責任を追及できるような制度が検討されてしかるべきであろう。

4　地方分権の推進

わが国の行政は重い業病に冒され、破綻に瀕している。ただ、幸いなことに、屋台骨を支える経済が強く、文化も国際的に評価が高いので、行政の失敗が直ちに亡国につながる懸念は乏しいが、これまでの失敗のツケを解消するため、大きな国民負担の増加が避けられない。しかし、行政に対する信頼を欠いたままでは、国民はあの手この手で負担を避けようとして、大きな混乱とモラルの低下が生じてしまう。

①特効薬は地方分権

この病状の根本的な治療策は「官から民へ」「国から地方へ」という構造改革を進める以外にない。

この理念は、行政に市場への適応という最も苦手な分野からそもそも手を引けという意味を含んでいる。市場原理が社会や経済の問題を解決する万能薬だと主張する気はないが、少なくとも現実から遊離した信念や思い込みによってもたらされた迷路から、われわれを救出するためには有効な手立てだからである。

霞ヶ関の官僚達は、官すなわち国の役割を強調するため、公共性、中立性、公正性などの概念をもち出すが、それらは、官による意思決定や事務・事業の実施が必然的に伴う様々な病理という高い代償に価するか、眉につばをつけて聞く必要がある。それにルール作りに関与したものがプレーに参加し、ジャッジまでお手盛りで行うことこそ最大の不公正ではなかろうか。

また、統一性、整合性、ナショナルミニマム、ユニバーサルサービスなども彼らが好んで口にするスローガンであるが、多様化するとともに常に変化し続ける国民のニーズに対応するためには、かえって邪魔になりかねない考え方である。

さらに、民間に委ねた場合には利潤の追求が優先され、国民の利益が損なわれるという主張があるが、実際には第一部で明らかにしたように、官の手によれば、子会社的法人や行政依存産業を潤す結果を招くのだから、そのコストは、サービスや商品の価格、システムを維持するための租税などに転嫁され、別の形で国民の大きな負担になっているはずである。

本書が指摘した行政の様々な弊害は、官というシステムに一定の確率で必ず発生する病理であって、公務員のモラルや監査・監視システムの整備で防ぐことはできない。

こういう意味から、教育、福祉、保健、医療といった対個人サービス業は、できる限り民間の自由な活動に委ねるべきであるが、どうしてもそれが不適切な分野が残るなら、より顧客に密着している地方に任せた方がいい結果が生まれることは間違いない。

繰り返し強調するが、行政の病を重篤にしている原因は、中央集権という国のかたちである。最大の問題点がクニ・ムラ体制であることはいうまでもないが、仮にそういう体制が改善できたとしても、「巨大組織」という病因は残り続ける。

地方に委ねても「市場と競争の欠如」という病因は残るかも知れない。行政が行う以上、厳密な意味での競争はないだろう。しかし、住民は同種の行政が他の県や市町村でどのように行われているか、そのシステム、サービス水準、コストなどを比較することができ、そういう形での擬似競争・善政競争によって行政の質を高めていくことも期待できる。

「権力の魔力」という病因についても、行政が住民により近いところで行われ、負担と受益の関係が明らかになるとともに、意思形成や執行の過程が透明になり、住民の意見が反映するようになって行けば、ある程度症状を緩和することは困難ではない。

②地方は能力不足か

「政治の悪影響」という要因は、国よりも地方、特に都道府県や規模の大きな市に目立っているという指摘がある。

なるほど、国の行政に対しては、マスコミの目が光っているし、突っ込んだ取材と分析をする評論家もいる。逆に、小さな市町村の内幕は何となく住民に透けて見える。これに対して都道府県などは、そういう監視機能の盲点に入ってしまうので、伏魔殿になりやすいといわれる。霞ヶ関の官僚が強調する分権反対論の根拠の一つは、地方の能力不足であるが、その内容は、地方公務員の専門能力ばかりでなく、地方政界の体質を指しているのかも知れない。

筆者もかつて第二臨調で特殊法人の改革を担当していた際、各法人が実施している公共事業等については地方でも実施可能ではないかと考え、都道府県の技術官僚達に意見を聞いて見たことがあった。彼等は、技術的には十分な能力を有することを認めながらも、「でも、政治家の介入で、メチャメチャになってしまいますよ、やめた方がいいのでは」と答えた。

都道府県等に勤務する技術官僚の多くは、旧建設省が営む人材派遣業によって全国を異動しているため、霞が関と同じ価値観をもつ者が多く、その論理や美学が損なわれることをおそれたためでもあろうが、その懸念には一理あった。地方の公務員は、事務事業の執行に日常的に介入してくる口利き、つまり政治の横車を押し戻すために、本省の方針や指導、法令解釈を錦の御旗にしてきた面もあるからである。

この問題は、一種の悪循環といえる。重要な施策の形成を国に独占され、地方はその執行部門に甘んじていれば、住民は地方の政治や行政に関心をもたなくなる。その結果、議員達も本来の立法や監視機能を果たすよりは、個別の行政への介入に活路を見いだそうとするし、行政機関ばかりでなく、国会議員、都道府県会議員、市町村会議員の間にも上下、主従の関係があるような誤認を生んでしまう。地方議会の質の低下は起こるべくして起こったといえる。

国の主たる役割は、外交、防衛、その他国の未来にかかわる基本的制度の立案に限定し、社会資本の整備、民生、保健、福祉、医療、教育、その他住民生活にかかわる政策の立案と実行は、地方に任せることとすれば、住民の関心も深まり、結果として地方政治の質も向上していくはずである。

地方公務員についても同様である。彼等は本質的な資質、能力面で霞ヶ関の官僚と差があるとは思えない。ただ、これまで自らが主体となって政策を立案し、意思決定を行っていくという意識が乏しく、担当する事務事業をそつなく遂行していく、いわゆる能吏が目指されていたため、気概や覇気を欠いているのである。だから、もっと住民が地方行政に関心を寄せ、地域にとって必要な施策は住民と行政の協働によって立案して行くという習慣が形成されれば、地方公務員の資質はさらに向上し、埋もれていた才能も開花していくはずである。

それに、もともと行政は、霞ヶ関の官僚が行ってきたように、現実を見ずに頭のなかで形成された理念や美学に基づいて、統一性や整合性を追い求めるものではなく、国民と共有される健全な良識によって、試行錯誤的に運営されるべきものである。そういう観点に立てば、クニ・ムラ体制下における歪んだ理念や価値観に汚染されていない地方の公務員の方に大きな期待がもてる。

もちろん、国の官僚も見捨てられるべきではない。クニ・ムラという偏った世界に閉じ込められ、その掟としがらみにがんじがらめにされ、自らの初志に反し、国民全体ではなく一部の奉仕者となることを強いられている現在の境遇に満足していない者も少なくない。彼らを地方に移籍させ、住民のニーズに即応した現実的な行政の実現を担当させれば、水を得た魚のように、その力を発揮させることが可能になるのではなかろうか。

③現場における総合調整

地方分権が、諸悪の根源であるクニ・ムラ体制を克服するための特効薬になり得ることを別の角度から考察して見よう。

まず、クニ・ムラは彼らの思い込みとエゴイズムに基づいたタテ割の構造を地方にまで持ち込み、住民との接点である行政の現場を「末端硬化症」に罹らせ、バラバラで非効率な行政を強いてきた。行政の総合調整は、これまでも行政改革の重要な課題となり続け、内閣機能の強化などが図られてきたが、内閣自体がクニ・ムラの総合出先化していることもあって必ずしも成功していない。むしろ、都道府県や政令市、中核市等に権限を移譲し、現場における総合調整を実現していく方が現実的である。

もう一つの弊害は、国の各省庁が立案する画一的、硬直的なサービスと手続面の繁文縟礼である。安っぽい定食食堂のような全国一律のメニューでは、多様化し、高度化した国民のニーズに対応できないのは当然であるし、国全体を金太郎飴のような魅力のない地域にしてしまう。住民も負担と受益の関係が結びつかないため、行政全体に対する関心を失い、自分のエゴが先に立ってしまう。

このような不自然な状況を改め、それぞれの地域の現状と将来のヴィジョンについて、自然や環境の視点を含めて再構築し、財政状況を踏まえながら、社会資本の整備や行政サービスのレベルと重点を住民とともに再検討し、創意を発揮して地域間競争を行ってゆけば、より満足度と質の高い行政の実現が可能になるはずである。

その過程において、公務員が襟を正し、信頼を取り戻し、それでも不足する財源を増税の形で住民にお願いしていく以外に、わが国再建の途はないだろう。

④市町村合併と道州制への疑問

改めて強調するが、地方分権とは、霞ヶ関の官僚や永田町の議員の権限を地方の公務員や議員に移すことでなく、住民自治、すなわち「住民の住民による住民のための行政」を実現することである。

そういう観点から見ると、現在進行中の市町村合併の動向などにはかなり気になる部分がある。合併は、深刻な財政状況を背景に、住民生活の広域化への対応、行財政能力の向上、行政の効率化などを目的に行われるはずであるが、合併によってどのように魅力的で競争力のある地域を創っていくかの議論があまりなく、特例債というエサにつられて進められているほか、合併後の議員の定数や報酬、職員の処遇、合併前の市町村の積立金の処分等をめぐって、本来の趣旨に反し、住民に理解不能な浪費が画策されている実態も目立つからである。

市町村合併が一段落した暁には、都道府県についても統合や道州制への転換が検討されつつあるが、自治の推進にとって両刃の剣になりかねない要因を含んでいる。

都道府県や国の各省庁の出先機関の統合は、行政の専門性や総合調整力の向上と担当範囲の広域化をもたらし、国からの権限の移譲をより容易にすると考えられる。しかし、その反面、新しい組織の実権が国の官僚によって握られるおそれはないだろうか。

既に見てきたように、クニ・ムラは、省庁の壁を越えて独立の王国を形成している。この構造を温存したまま、都道府県の再編成を行うならば、彼等は、新しい組織、たとえば道州にタテ割り構造を持ち込み、クニ・ムラ王国の新たな植民地として支配しようとすることは眼に見えている。

外交、防衛等、国の存続にとって不可欠な機能を除く国の各省庁、たとえば文部科学省、厚生労働省、国土交通省などを解体し、その機能と権限の大部分を道州に帰属させるならともかく、単に都道府県と国の出先機関の統合に止まるなら、自治は後退し、行政の病理は治癒するどころか、より悪化するのではないかと懸念される。

情報化の進行はボーダーレス、シームレス社会を形成するとともに、中間に介在する機能を不要にするといわれている。政令市、中核市レベルの能力をもった基礎的自治体と国との間に、道州などのような中間的機関が本当に必要であるかが、まず検討されるべきであろう。

このような迷路に踏み込まず、それぞれの自治体が、地域に固有の歴史、風土、自然、景観、産業、文化を再評価し、魅力的で住み良い地域の形成とそのために必要な効果的で効率的な行政サービスを展開することを目指し、専門的な知識や技術よりも住民の常識、良識を大事にしながら、「住民の住民による住民のための行政」を実現していくための分権が実現できれば、「行政の病理」はある程度克服することが可能になるだろう。

あとがき

本書は、二〇〇三年一月から二〇〇四年十一月まで、約二年にわたって月刊誌「時評」に連載した「行政の病理学」を加筆し、再構築したものである。

筆者は一九六二年に行政管理庁に入庁し、三十二年間余を国家公務員として過ごした。初めから公務員を目指していたわけではない。中高校生の頃は文筆で身を立てたいと考え、大学も文科二類に入学し、文学研究会というサークルに属し、駄文を書いたり演劇に興じていたが、虚構の世界に生きることに疑いをもち、理学部地理学科に進学した。

必ずしも学者になろうという強い決意もないまま大学院に進学したのは、いずれマスコミにでも行けばいいと思っていたからである。ところが、腎臓に既往症があるという理由で、某社の内定を取り消されたことから、人生が変わってしまった。知人の紹介で、ある民間会社を受験したところ、最終面接で、あなたのような人は国家公務員試験を受けて某省に入り、天下りという形でウチに来た方がいいと勧められた。本気だったのか体よく断られたのかは分らないが、ともかく公務員試験を受けて見ることにした。

それまで、法律とか経済はほとんど無縁だったので、半年くらい一所懸命勉強したら、「行政」という区分の試験を案外いい成績で受かってしまった。大学入試の時もそうだったが、本当に実力があったわけではなく、単に記憶力と要領が良かっただけだと思っている。筆者が偏差値優等生を評価していないのは、そういう自分の体験に基づいている。

とまれ、試験に受かって見ると、各省庁から勧誘のDMが沢山送られてきた。ただし、大蔵省、自治省といった人気どころは、筆者のような経歴の者には興味がなかったらしくお呼びがなかった。民間会社の役員に勧められた某省をはじめ、約七〜八省庁を訪問して見たが、だんだん嫌気がさしてきた。案内をしてくれる先輩達が妙に卑屈だったり、形式主義の匂いが廊下にまで沁み込んでいるところが多かったからである。つまらない役得や天下り先の多さをひけらかすところも気に入らなかった。

そんな中で、行政管理庁に興味をもった理由は、仕事の中身が各省庁のお役所仕事の改善を図ることで、「実証的な調査に基いて」という点が地理学の方法論と似ていたこと、規模の割合に地方の出先機関が多いため、日本中を転勤して、尊敬する柳田国男のような公務員生活が送れそうだと甘い期待をもったこと、それに相手をしてくれた先輩が、大変元気のいい方で、上司にへりくだる様子がなかったことなどである。権力機構の中にあって、その改善を図るという仕事の矛盾と限界について尋ねると、やり過ぎると国事犯になってしまうかもねと笑っていた。

厚生省（当時）にも魅力があった。その後の堕落の影は見えず、相手をしてくれた先輩は福祉社会形成の重要性を熱っぽく説いてくれたからである。後から聞くと、この年は志願者が少なかったから、希望すれば多分採用されたはずという。もし、そうなっていたとしたら、後に環境庁の局長在職中に自ら命を絶った誠実な人柄の山内豊徳氏と汚職事件を起こしてしまった岡光氏の間に挟まれる年次になっていたはずである。歴史と同様、個人の履歴にも、もしということを考えるのはナンセンスだが、振り返れば感無量である。

そんなわけで、いわば消去法のような形で、行政管理庁に入ることになった。本文中にも書いたが、友人達からは、「そんなところに行くと天下り先がないぞ」と忠告を受けた。別の友人からは「公務員になるなんて、そんなつまらない人生を過ごすな」と叱られた。身すぎ世すぎのため、意に染まない仕事に就くくらいなら、橋の下で暮らしてもいい詩を書いていたいという考え方も残っていた時代だった。

といっても、ホームレスになる気はなかったが、いざとなったらラーメン屋でも開業すればいいと思っていたから、あまり真面目な公務員ではなかった。それでも、中途で退職したり、国事犯にもならず、結局、霞ヶ関で公務員生活を全うしてしまった。

その間、モノは書き続けていた。さすがに、文学などは遠い世界になってしまったが、寄稿を求められれば喜んで筆を執ったし、新しい仕事に就くたび、論文や啓蒙書を書いた。芸は身を助けるというが、後に大学の教官にと誘われた際には、書き溜めた著作や論文の数が役に立ったらしい。ただし、内容が評価されたわけではなく、ある程度の格のある雑誌に発表された論文の本数というハードルの低さを聞かされた後は、憧れの大学教授も色あせて見えた。

三十二年余りの公務員生活の中で、主として携わってきた仕事は、行政管理、行政監察、行政改革と、行政の改善・合理化にかかわる活動であった。わけても一九八一年から三年にかけて設置された第二臨調では、事務局主任調査員として、特殊法人等の改革を担当する機会を得た。三公社の民営化のように派手な成果は上げられなかったが、全特殊法人と認可法人をまな板の上に乗せた。行革といえば「ハジパイを切る」つまり小さくて抵抗力の弱いところを切り捨て、件数を稼ぐという相場観がある中で、例外なく、そもそも論から議論させていただいたことは、全法人に大きなインパクトを与えられたと思っているし、閣議決定で最大限尊重するとされた答申が実行されていれば、道路公団や年金資金を用いたハコモノの建設をめぐる問題点はもう少し改善されていたはずである。

行政管理庁に戻った後も、行政改革に関連する仕事に従事していたが、行革を声高く叫ぶマスコミや評論家と総論賛成・各論反対という形で抵抗する政業官連合軍の双方に誤った思い込みがあることに気づいた。多様で複雑な行政を建前論、あるべき論で律することにより、改善すべき問題を矮小化したり、その場しのぎの対症療法や数合わせで済まされてしまう風潮も気になった。

その一方で、一般の国民は実際には行政にほとんど関心がないという現実もあった。問題の本質をとらえ、かつ一般の方々に分かりやすく説明するために、行政の問題点を「病理」という観点からとらえ直すことが必要というアイデアはこの頃から生まれた。

総務庁を退職後、群馬大学に新設予定の社会情報学部に招かれることになっていたが、心積もりより早めに肩を叩かれた。つなぎに民間企業でというお話もあったが、天下りは嫌なのでお断りしたところ、たまたまポーランド政府から市場経済に移行するための行政制度の見直しの参考にするため、日本の行政に詳しい人に来て欲しいという話があったので、喜んで出かけた。本来の仕事とは別に、わが国がこの旧社会主義国よりずっと完成度の高い社会主義国家であると知ったことは収穫だった。

帰国後は群馬大学で、行政の情報化の推進とこれに伴う問題点の研究と講義を主な仕事としていたが、後半は学長補佐や副学長に任ぜられ、大学の内情に詳しい先輩からは、つまらぬことに口を出すから学内行政に巻き込まれると叱られた。弁解がましくなるが、病理学執筆の着手が遅れたのはそのためである。

大学を定年退職後は、社会人の院生やその仲間達と一緒に、NPO法人「行政文化研究所あっとぐんま」を設立し、公務員や地方議員、一般住民が一緒に学び、議論をするための「行政文化塾」を開講して見た。また、大学在籍中を通じ、県や市の審議会や懇談会の委員、内閣府の規制改革推進会議の専門委員を務める機会にも恵まれた。本年四月からは、群馬県が新設した「群馬自治総合研究センター」の常任参与に任命され、地方自治推進のための研究と職員研修の実質的な責任を負うことになった。

これらの経験を通じて、「行政の病理学」執筆への思いはますます募った。ポーランド派遣ではＪＩＣＡのお世話になったので、特殊法人の欠陥を身をもって知ったし、大学は国立だったが、教養ある学者とはとても思えない硬直的な発想に支配されており、役所以上に「末端硬化症」や「法規・前例依存症」が蔓延していたからである。県や市の職員は、国の公務員と同様、法規や前例を信奉したり、特に末端の現場で無責任な振る舞いが残る等、共通の病菌に汚染されているところはあるが、「省庁分裂症」や「一家性腫瘍」、「特権意識コンプレックス」等の業病の汚染度は軽いという点で、国の官僚よりは健全であり、もっと覇気と責任感さえもてれば住民にとって好ましい存在に育ち得るという印象をもった。

そんな経験の中で、連載したものが「行政の病理学」である。雑誌の連載は主として行政関係者を読者として想定したが、そのままでは一般の読者に関心をもっていただけないので、タイトルや中見出しを変え、病の種類も大くくりに四つにまとめて見た。

いずれにしても走りながらの執筆であり、まだまだ多くの病を見落としていたり、病の原因の分析にも不十分なところが少なくないと思われる。また、多くの方々にお読みいただこうと、分かりやすさを重視したため、論理性に欠けるところもあるかも知れない。さらに、筆者が体験した様々なエピソードについては、もう少し多めにかつ実名を上げてという誘惑にも駆られたが、暴露本ではないので遠慮した。

足らざる点は、いずれ補完したいと考えているが、読者の皆様からご叱正やご批判をいただければ幸いである。

なお、本書の原連載に当たっては㈱時評社の米盛康正社長及び編集部の田中博英氏に大変お世話になった。両氏のご協力がなければ、そもそもこの原稿は生まれようもなかったのである。㈱晶文社の中村勝哉社長及び編集部の島崎勉氏にも多大のご尽力をいただいた。このようにあまり売れそうにない原稿の上梓を快くお引き受けいただき、かつタイトル、小見出しのつけ方等について、懇切なご指導をいただいた。雑誌連載中、面白い、良くぞ書いてくれたとお励ましをいただいた読者の方々を含め、改めて感謝の念を伝えたい。

著者について

稲葉清毅（いなば・きよたけ）

一九三六年東京生まれ。東京大学理学部卒業及び大学院修士課程修了。六二年行政管理庁に入る。行政管理、行政改革に従事。総務庁恩給局長などを歴任。九四年ポーランド政府大臣顧問。九六年群馬大学教授、二〇〇〇年同大学副学長。現在、群馬自治総合研究センター常任参与。著書『みちくさ随想録』（大空社）、『情報化による行政革命』（ぎょうせい）ほか多数。

住所　高崎市栄町三―二三―九〇七

URL: www.t21.itsudemo.net/inaba

霞ヶ《かすみが》関《せき》の正体《しょうたい》

国を亡ぼす行政の病理

二〇〇五年一〇月三〇日初版

著者　稲葉清毅

発行者　株式会社晶文社

東京都千代田区外神田二―一―一二

電話東京三二五五局四五〇一（代表）・四五〇三（編集）

URL http://www.shobunsha.co.jp

堀内印刷・美行製本